令和5年度

土地家屋調査士

本試験問題と詳細解説

東京法経学院

本書の発刊にあたって

　本書は，令和5年10月15日（日）に実施された「令和5年度土地家屋調査士試験（筆記試験）」の試験問題の再現，それについての「択一式の正解番号」，「記述式の解答例」及び「択一式と記述式の解説」並びに「出題傾向と分析」を収録しています。本学院では，筆記試験の当日の夜間より，順次，「択一式の正解番号」，「記述式（書式）の解答例」及びその「解説」，「出題分析」等を本学院のホームページ上や月刊誌の「不動産法律セミナー2023年12月号」の誌上等で公開してきました。「正解番号」，「解答例」や「解説」は東京法経学院講師陣が中心となって導き出し，かつ，執筆したものです。

　筆記試験での試験問題は，令和5年4月1日現在の法令等に基づいて出題されたものですので，それに関連する解説等も，この基準日の法令等に基づいて記述されています。

　本書を徹底的に分析・活用していただき，多数の受験生の方々が合格へ向けて有効で効率のよい学習によって，実力をつけ，令和6年度合格の栄冠を勝ち取って下さい。

東京法経学院　編集部

目次

令和5年度　土地家屋調査士試験

午後の部　問題編

試　験　問　題 (午後の部)

注　意

(1) 別に配布した答案用紙の該当欄に，試験問題裏表紙の記入例に従って，受験地，受験番号及び氏名を必ず記入してください。多肢択一式答案用紙に受験地及び受験番号をマークするに当たっては，数字の位を間違えないようにしてください。

(2) 試験時間は，2時間30分です。

(3) 試験問題は，多肢択一式問題（第1問から第20問まで）と記述式問題（第21問及び第22問）から成り，配点は，多肢択一式問題が50点満点，記述式問題が50点満点です。

(4) ① **多肢択一式問題の解答**は，所定の答案用紙の解答欄の正解と思われるものの番号の枠内をマーク記入例に従い，濃く塗りつぶす方法でマークしてください。解答欄へのマークは，各問につき1箇所だけにしてください。二つ以上の箇所にマークがされている欄の解答は，無効とします。解答を訂正する場合には，プラスチック製消しゴムで完全に消してから，マークし直してください。

② 答案用紙への記入に当たっては，**鉛筆（B又はHB）**を使用してください。該当欄の枠内をマークしていない解答及び**鉛筆を使用していない解答は，無効**とします。

(5) **記述式問題の解答**は，所定の答案用紙に記入してください。答案用紙への記入は，**黒インクのペン，万年筆又はボールペン（ただし，インクが消せるものを除きます。）**を使用してください。所定の答案用紙以外の用紙に記入した解答及び**上記ペン，万年筆又はボールペン以外の筆記具（鉛筆等）によって記入した解答は，その部分を無効**とします。なお，**図面を記述式答案用紙に記入するに当たっては，万年筆はペン種（ペン先）が細字（F）以下のもの，ボールペンはボール径（ペン先）が0.5mm以下のもの**を使用してください。

また，答案用紙の筆記可能線（答案用紙の外枠の二重線）を越えて筆記をした場合は，当該筆記可能線を越えた部分については，採点されません。

(6) 答案用紙に受験地，受験番号及び氏名を記入しなかった場合は，採点されません（試験時間終了後，これらを記入することは，認められません。）。答案用紙の受験地，受験番号及び氏名の欄以外の箇所に特定の氏名等を記入したものは，無効とします。

(7) 答案用紙は，汚したり，折り曲げたりしないでください。また，書き損じをしても，補充しません。

(8) 試験問題のホチキスを外したり，試験問題のページを切り取る等の行為は，認められません。

(9) 受験携行品は，黒インクのペン，万年筆又はボールペン（ただし，インクが消せるものを除きます。），インク（黒色），三角定規（三角定規以外の定規の使用は不可。），製図用コンパス，三角スケール，分度器，鉛筆（B又はHB)，プラスチック製消しゴム，電卓（予備を含めて，2台までとします。）及びそろばんに限ります。

　　なお，下記の電卓は，使用することができません。

① プログラム機能があるもの

　　次に示すようなキーのあるものは，プログラム機能等を有していますので，使用することができません。

〈プログラム関連キー〉

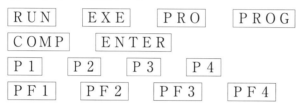

② プリント機能があるもの

③ アルファベットやカナ文字を入力することができるもの

④ 電池式以外のもの

(10) 試験時間中，不正行為があったときは，その答案は，無効なものとして扱われます。

(11) 試験問題に関する質問には，一切お答えいたしません。

(12) 試験問題は，試験時間終了後，持ち帰ることができます。

第1問 無効及び取消しに関する次のアからオまでの記述のうち，**正しいもの**の組合せは，後記1から5までのうち，どれか。

ア　買主が売買契約を締結した当時に意思能力を有しなかったために当該契約が無効とされる場合には，売主は，買主に対し，当該契約に基づく目的物の引渡義務を負わない。

イ　売買契約が虚偽表示により無効である場合において，売主及び買主がそれぞれ無効であることを知って追認したときは，当該契約は，初めから有効であったものとみなされる。

ウ　買主が強迫を理由として売買契約を取り消したときは，当該契約は，初めから無効であったものとみなされる。

エ　未成年者が法定代理人の同意を得なければすることができない契約をその同意を得ることなく締結した場合において，当該法定代理人が当該契約を追認したときであっても，当該未成年者本人は，法定の期間内に相手方に対して意思表示をすることにより，当該契約を取り消すことができる。

オ　取消権は，取消しの原因となっていた状況が消滅し，かつ，取消権者が取消権を有することを知った後でなければ，時効によって消滅することはない。

1　アイ　　　　2　アウ　　　　3　イエ　　　　4　ウオ　　　　5　エオ

第2問 物権的請求権に関する次のアからオまでの記述のうち，**判例の趣旨に照らし正しいもの**の組合せは，後記1から5までのうち，どれか。

ア　Aが甲土地の所有者Bから甲土地を買った場合において，AB間の売買契約上，甲土地の所有権の移転時期に関する特約がないときは，Aは，当該契約締結後直ちに，Bに対して所有権に基づき甲土地の引渡しを請求することができる。

イ　Aが甲土地の所有者Bから甲土地を買った場合において，甲土地について，BからAへの所有権の移転の登記がされていないときは，Aは，甲土地を占有する無権利者Cに対して甲土地の明渡しを請求することができない。

ウ　Aが甲土地を所有し，その旨の登記がされている場合において，無権利者Bが甲土地上に乙建物を建て，占有補助者であるCと共に居住しているときは，Cを建物から退去させるためには，Aは，Cに対し，乙建物から退去して甲土地を明け渡すことを請求しなければならない。

エ　A及びBが甲土地を共有している場合において，無権利者Cが甲土地に産業廃棄物を不法投棄したときは，Aは，単独で，Cに対して当該産業廃棄物を撤去するよう請求することができる。

オ　所有権が時効によって消滅することはないが，所有権に基づく返還請求権は時効によって消滅する。

1　アエ　　　　2　アオ　　　　3　イウ　　　　4　イエ　　　　5　ウオ

第3問　遺言に関する次のアからオまでの記述のうち，**判例の趣旨に照らし正しいもの**の組合せは，後記1から5までのうち，どれか。

　　ア　遺言の全文，日付及び氏名がカーボン紙を用いて複写の方法で記載された自筆証書遺言は，無効である。

　　イ　遺言者の推定相続人は，公正証書遺言の証人となることができない。

　　ウ　夫婦は，同一の証書により共同で遺言をすることができる。

　　エ　遺言執行者の指定は，第三者に委託することができない。

　　オ　遺言者が前の遺言と抵触する遺言をしたときは，前の遺言のうち抵触する部分は，後の遺言によって撤回されたものとみなされる。

　　1　アウ　　　　　2　アエ　　　　　3　イエ　　　　　4　イオ　　　　　5　ウオ

第4問　不動産の表示に関する登記の申請があった場合の登記官による調査に関する次のアからオまでの記述のうち，**誤っているもの**の組合せは，後記1から5までのうち，どれか。

　　ア　建物の表題登記の申請がされた場合には，登記官は，当該建物の所有者に関する事項について調査することができる。

　　イ　不動産の表示に関する登記の申請が申請人となるべき者以外の者によってされていると疑うに足りる相当な理由がある場合において，当該申請を却下すべきときであっても，登記官は，当該申請の申請人に対し，その申請の権限の有無を調査しなければならない。

　　ウ　土地の表示に関する登記についての実地調査を行う場合には，登記官は，日出から日没までの間に限り，当該実地調査を行うことができる。

　　エ　不動産の表示に関する登記の申請があった場合には，登記官は，登記所の職員に当該不動産の実地調査を行わせることはできない。

　　オ　不動産の表示に関する登記についての実地調査を行う場合には，登記官は，当該不動産の所有者その他の関係者に対し，文書の提示を求めることができる。

　　1　アイ　　　　　2　アオ　　　　　3　イエ　　　　　4　ウエ　　　　　5　ウオ

第5問 表題部の登記記録等に関する次のアからオまでの記述のうち，**正しいもの**の組合せは，後記1から5までのうち，どれか。

ア 土地区画整理事業により従前の1個の土地に照応して1個の換地を定めた換地処分が行われた場合には，当該換地について表題部の登記記録が新たに作成される。

イ 建物を新築する場合の不動産工事の先取特権の保存の登記がされている建物の建築が完了した場合において，当該建物の表題登記を申請し，当該登記がされるときは，当該建物の表題部の登記記録が新たに作成される。

ウ 甲土地の一部を分筆して，これを乙土地に合筆しようとする場合において，分筆の登記及び合筆の登記を一の申請情報により申請し，その旨の登記がされるときは，甲土地から分筆し，乙土地に合筆した土地の表題部の登記記録は作成されない。

エ 表題登記のある甲建物を隣接する他の土地上に解体移転した場合において，解体移転後の建物の表題部に関する登記を申請したときは，甲建物の表題部の登記記録に解体及び移転した旨が記録される。

オ 区分建物として表題登記のある甲建物及び乙建物からなる一棟の建物の中間部分を取り壊し，甲建物及び乙建物が区分建物でないそれぞれ別の建物となった場合において，甲建物及び乙建物の表題部に関する登記を申請し，その旨の登記がされるときは，甲建物及び乙建物の表題部の登記記録が新たに作成される。

1 アイ　　　　　2 アオ　　　　　3 イエ　　　　　4 ウエ　　　　　5 ウオ

第6問 地図に関する次のアからオまでの記述のうち，**正しいもの**の組合せは，後記1から5までのうち，どれか。

ア 地図を作成するための測量は，基本測量の成果である電子基準点を基礎として行うことができる。

イ 電磁的記録に記録された地図には，基本三角点等の位置のみならず，その名称及びその座標値を記録しなければならない。

ウ 土地家屋調査士が作成した測量成果である実測図であって，国土調査法第19条第5項の指定を受け，登記所に送付されるものについては，不適当とする特別の事情がある場合を除き，これを地図として登記所に備え付けることができる。

エ 新たに地図が備え付けられたことにより，電磁的記録に記録されている地図に準ずる図面が閉鎖された場合には，当該地図に準ずる図面の情報の内容を証明した書面の交付を請求することはできない。

オ 地図に表示された土地の区画に誤りがあることによる地図の訂正の申出をする場合において，当該申出の際に添付する地積測量図に記録された地積と当該土地の登記記録上の地積との差が公差の範囲内であっても，当該申出は，地積に関する更正の登記の申請と併せてしなければならない。

国土調査法

第19条（略）

2〜4（略）

5　国土調査以外の測量及び調査を行った者が当該測量及び調査の結果作成された地図及び簿冊について政令で定める手続により国土調査の成果としての認証を申請した場合においては，国土交通大臣又は事業所管大臣は，これらの地図及び簿冊が第2項の規定により認証を受けた国土調査の成果と同等以上の精度又は正確さを有すると認めたときは，これらを同項の規定によって認証された国土調査の成果と同一の効果があるものとして指定することができる。

6〜8（略）

1　アイ　　　　　2　アウ　　　　　3　イオ　　　　　4　ウエ　　　　　5　エオ

第7問　土地の表題登記に関する次のアからオまでの記述のうち，**誤っているもの**の組合せは，後記1から5までのうち，どれか。

ア　公有水面埋立法に基づく埋立工事が竣工した土地の表題登記を申請する場合には，所有権を証する情報として公有水面埋立法の規定による竣功認可書を提供することができる。

イ　国が所有する表題登記がない土地の売払いを受けた者が，当該土地の表題登記を申請する場合には，当該表題登記の登記原因を「国有財産売払」として申請しなければならない。

ウ　Aが表題登記がない土地の所有権を原始取得した場合において，Aが当該土地の表題登記を申請する前に，当該土地をBに売却したときであっても，Aは，当該土地の表題登記を申請することができる。

エ　土地区画整理事業区域内で仮換地が指定された表題登記がない従前の土地について換地処分による登記を申請する場合において，必要があるときは，土地区画整理事業を施行する者は，当該従前の土地の所有者に代位して，土地の表題登記を申請することができる。

オ　地方公共団体の所有する土地について，当該地方公共団体が土地の表題登記を嘱託する場合には，所有権を証する情報の提供を省略することができる。

1　アイ　　　　　2　アエ　　　　　3　イウ　　　　　4　ウオ　　　　　5　エオ

第8問 地目に関する次のアからオまでの記述のうち，**正しいもの**の組合せは，後記1から5までのうち，どれか。

ア　学校教育法の規定により設置された幼稚園の園舎の敷地である土地の地目は，学校用地とする。

イ　高圧線の下にある建物の敷地である土地の地目は，雑種地とする。

ウ　水力発電のためにのみ使用される排水路の地目は，雑種地とする。

エ　牧場地域内にある牧畜のために使用する牧草栽培地である土地の地目は，畑とする。

オ　人の遺体又は遺骨を埋葬する規模の大きな墓地の地目は，霊園とする。

1　アウ　　　　　2　アエ　　　　　3　イウ　　　　　4　イオ　　　　　5　エオ

第9問 土地の分筆の登記に関する次のアからオまでの記述のうち，**正しいもの**の組合せは，後記1から5までのうち，どれか。

ア　抵当権の設定の登記がされた土地について分筆の登記がされた後は，錯誤を原因とする当該分筆の登記の抹消をすることはできない。

イ　抵当権の設定の登記がされた甲土地から乙土地を分筆する分筆の登記をする場合には，分筆後の甲土地及び乙土地の2筆の土地について，抵当権者が当該抵当権を消滅させることを承諾したことを証する情報が提供されたとしても，登記官は，分筆後の甲土地及び乙土地に係る当該抵当権が消滅した旨の登記をすることはできない。

ウ　甲土地の所有権の登記名義人であるAが死亡し，その相続人がB及びCである場合において，BC間で，Bが甲土地の所有権を単独で取得することを内容とする遺産分割協議が成立したときであっても，Bは，甲土地の分筆の登記を申請することはできない。

エ　地方公共団体及び私人が所有権の登記名義人である土地について，当該私人が分筆の登記を申請する場合には，登録免許税は課されない。

オ　甲土地から乙土地を分筆する分筆の登記をする場合において，甲土地に筆界特定がされた旨の記録があるときは，当該記録は，乙土地の登記記録に転写される。

1　アウ　　　　　2　アエ　　　　　3　イウ　　　　　4　イオ　　　　　5　エオ

第10問 建物図面及び各階平面図に関する次のアからオまでの記述のうち，**誤っているもの**の組合せは，後記1から5までのうち，どれか。

ア　建物図面及び各階平面図には，申請人及び作成者の住所を記録しなければならない。

イ　書面を提出する方法により地下のみの附属建物がある建物の建物図面を提供する場合には，附属建物の地下1階の形状を朱書きする。

ウ　各階平面図の床面積の計算において，不算入とすべき出窓を算入した誤りがある場合には，表題部所有者若しくは所有権の登記名義人又はこれらの相続人その他の一般承継人は，各階平面図の訂正の申出をすることができる。

エ　建物の表題登記がされ，既に建物図面及び各階平面図が登記所に提出されている建物について，附属建物の滅失による表題部の変更の登記を申請する場合には，建物図面及び各階平面図の提供を省略することができる。

オ　2階建の建物の各階平面図を作成する場合において，2階の階層を表示するときは，1階の位置を点線をもって表示する。

1　アウ　　　　　2　アオ　　　　　3　イウ　　　　　4　イエ　　　　　5　エオ

第11問　建物の認定に関する次のアからオまでの記述のうち，**正しいもの**の組合せは，後記 1 から 5 までのうち，どれか。

ア　公衆用道路上に屋根覆いを施したアーケード付街路のうち，その周辺が店舗に囲まれており，かつ，アーケードを有する部分に限り，建物として登記することができる。

イ　上部が倉庫として利用されている寺院の山門であって，当該倉庫部分が周壁を有して外気と分断されているものであっても，建物として登記することはできない。

ウ　次の〔図1〕のとおり，主たる部分の構成材料が鉄骨であり，屋根及び周壁が永続性のある膜構造の塩化ビニールの特殊シートで覆われた建造物は，建物として登記することができる。

エ　次の〔図2〕のとおり，最上部が屋根及び周壁を有する展望台となっており，当該展望台の下部が鉄筋コンクリートを主たる構成材料として建築された階段室となっている場合には，当該展望台を建物として登記することができる

オ　屋根及び外壁があり，内部に車を格納する回転式のパーキング機械が設置されているタワー状の立体駐車場は，建物として登記することはできない。

〔図1〕　　　　　　　　　　　　　　　〔図2〕

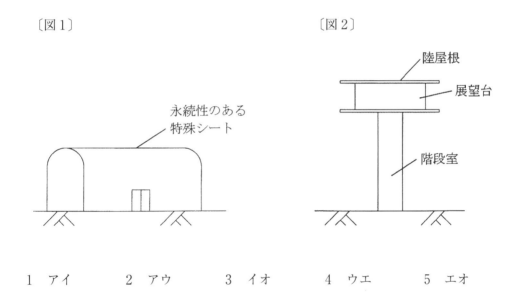

1　アイ　　　　2　アウ　　　　3　イオ　　　　4　ウエ　　　　5　エオ

第12問 建物の床面積に関する次のアからオまでの記述のうち，**正しいもの**の組合せは，後記 1 から 5 までのうち，どれか。

ア　建物の一部が2階から最上階まで吹抜けとなっている場合には，1階から最上階までの各階の吹抜け構造の部分は，建物の床面積に算入しない。

イ　区分建物でない鉄筋コンクリート造の建物について，壁の厚みが各階ごとに異なる場合には，各階ごとに壁の中心線で囲まれた部分の水平投影面積により床面積を算出する。

ウ　次の〔図1〕のとおり，区分建物を内壁で囲まれた部分により床面積を算出する場合において，当該区分建物が鉄筋コンクリート造であって，柱と壁を兼ねている構造の部分が柱状に凸凹しているときは，その柱状に凸凹している部分は，専有部分の範囲から除外して床面積を算出する。

エ　次の〔図2〕のとおり，ビル内の地下において，1方向のみを壁構造とし，他の3方向は鉄製のシャッターで仕切られており，営業中はシャッターを上げ，閉店後はシャッターを閉める構造の店舗部分は，区分建物の専有部分の床面積に算入しない。

オ　次の〔図3〕のとおり，機械室，冷却装置室及び屋上に出入りするための階段室が設置されている天井高2.5メートルの塔屋について，当該塔屋の一部が，管理事務所及び倉庫として使用されている場合には，管理事務所及び倉庫として使用されていない部分も含めた当該塔屋全体を建物の床面積に算入する。

〔図1〕　　　　　　　　〔図2〕　　　　　　　　〔図3〕

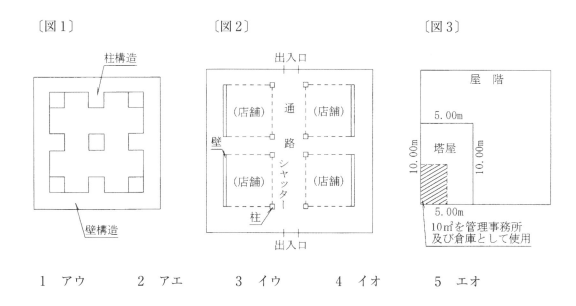

1　アウ　　　　2　アエ　　　　3　イウ　　　　4　イオ　　　　5　エオ

第13問　建物の表題登記に関する次のアからオまでの記述のうち，**正しいもの**の組合せは，後記1から5までのうち，どれか。

ア　株式会社A及び株式会社Bが区分建物である甲建物の所有権の原始取得者である場合において，甲建物の表題登記を申請する前に，株式会社Cが株式会社Bを吸収合併したときは，吸収合併存続会社である株式会社Cは，表題部所有者を株式会社A及び株式会社Cとする甲建物の表題登記を申請することができる。

イ　建物の表題登記の申請情報として建物の所在を提供する場合において，当該建物の登記記録の所在に「甲郡乙町大字丙字丁」と記録されており，地番区域が大字である丙と定められているときであっても，小字である丁の記載を省略することはできない。

ウ　区分建物でない建物の表題登記の申請をし，建物の名称を申請情報として提供して登記が完了した場合には，当該建物の名称は，当該建物の登記記録の表題部の建物の名称欄に記録される。

エ　数個の区分建物が属する一棟の建物を新築した場合には，その全ての区分建物について，一の申請情報により建物の表題登記を申請しなければならない。

オ　区分建物である表題登記のない建物の所有権の原始取得者が複数いる場合において，当該区分建物の表題登記を申請するときは，その原始取得者のうちの一人から当該申請をすることができる。

1　アウ　　　　　2　アエ　　　　　3　イウ　　　　　4　イオ　　　　　5　エオ

第14問　次の対話は，建物の表示に関する登記の添付情報に関する土地家屋調査士（以下「調査士」という。）と補助者との対話である。調査士の質問に対する次のアからオまでの補助者の解答のうち，**誤っているもの**の組合せは，後記 1 から 5 までのうち，どれか。

調査士：　建物の表題登記を申請する場合を考えてみましょう。申請人が建物の敷地を所有していない場合には，当該申請人に当該敷地を利用することについて正当な権原があることを証する情報を提供しなければなりませんか。

補助者：ア　はい。当該敷地を利用することについての正当な権原があることを証する情報を添付する必要があります。

調査士：　建物の表題登記を申請する際に，所有権を証する情報として工事施工会社作成に係る工事完了引渡証明書を提供し，これに当該会社の印鑑に関する証明書を添付した場合には，当該印鑑に関する証明書は，作成後 3 か月以内のものでなければなりませんか。

補助者：イ　いいえ。当該印鑑に関する証明書は，作成後 3 か月以内のものである必要はありません。

調査士：　Ａ株式会社の支店の支配人として登記された者が，Ａ株式会社が所有する建物の表題登記の申請に係る申請人となる場合には，Ａ株式会社の会社法人等番号と併せて当該支配人の権限を証する情報を提供しなければなりませんか。

補助者：ウ　いいえ。支配人の権限を証する情報を提供する必要はありません。

調査士：　建物の表題登記を申請する場合には，申請人の住所を証する情報は，作成後 3 か月以内のものでなければなりませんか。

補助者：エ　いいえ。当該住所を証する情報は，作成後 3 か月以内のものである必要はありません。

調査士：　2 棟の建物が合体して 1 個の建物になったことにより，合体後の建物についての建物の表題登記及び合体前の建物についての建物の表題部の登記の抹消を申請する場合において，合体前の各建物について所有権の登記があるときは，当該各建物の所有権の登記名義人の住所を証する情報を提供しなければなりませんか。

補助者：オ　いいえ。登記記録から所有権者の住所が明らかなので，住所を証する情報は必要ありません。

1　アウ　　　　　2　アオ　　　　　3　イウ　　　　　4　イエ　　　　　5　エオ

第15問　建物の分割の登記に関する次のアからオまでの記述のうち，**正しいもの**の組合せは，後記1から5までのうち，どれか。

ア　甲建物の附属建物として登記されている2棟の建物について，1棟を主である建物とし，残りの1棟をその附属建物とする場合には，甲建物から当該2棟の建物を乙建物と丙建物にそれぞれ分割する建物の分割の登記がされた後に，丙建物を乙建物の附属建物とする建物の合併の登記を申請しなければならない。

イ　Aが所有する甲建物の附属建物として登記されている建物について処分禁止の仮処分命令を得た債権者であるBは，当該仮処分命令の正本を代位原因を証する情報として提供して，Aに代位し，当該建物の分割の登記を申請することができる。

ウ　建物の分割の登記を申請する場合において提供する建物図面及び各階平面図には，分割後の各建物を表示し，これに符号を付さなければならない。

エ　甲建物に1から3までの符号が付された附属建物が3棟ある場合において，符号2の附属建物を分割したときは，符号3の附属建物の符号は，符号2に変更される。

オ　家屋番号5番である甲建物の附属建物を分割して乙建物とする場合には，甲建物の登記記録の附属建物の表示欄の原因及びその日付欄に，「5番の1，5番の2に分割」と記録される。

1　アイ　　　　　2　アオ　　　　　3　イウ　　　　　4　ウエ　　　　　5　エオ

第16問　合体後の建物についての建物の表題登記及び合体前の建物についての建物の表題部の登記の抹消（以下「合体による登記等」という。）に関する次のアからオまでの記述のうち，**正しいもの**の組合せは，後記1から5までのうち，どれか。

ア　いずれも表題登記がない甲建物及び乙建物が合体して1個の建物となった場合において，合体による登記等を申請するときは，当該申請と併せて合体前の甲建物及び乙建物の表題登記の申請をしなければならない。

イ　いずれも区分建物でない甲建物の附属建物と乙建物とが合体した場合には，甲建物の分割の登記をすることなく，合体による登記等を申請することができる。

ウ　Aが所有権の登記名義人である甲建物及び乙建物が合体して丙建物となった後に，Aが死亡し，その相続人がB及びCである場合には，Bは，単独で，合体による登記等を申請することができる。

エ　Aが表題部所有者として記録されている区分建物でない甲建物とBが表題部所有者として記録されている区分建物でない乙建物とが増築により合体し，合体後の建物が一棟の建物に属する2個の区分建物としての要件を備えた場合において，当該合体後の建物について，A及びBが区分所有の意思を示したときであっても，合体による登記等を申請しなければならない。

オ　合体前の建物に記録されている所有権の登記名義人の住所が現在の住所と異なる場合には，当該所有権の登記名義人の住所の変更の登記を申請することなく，当該建物について合体による登記等を申請することができる。

1　アイ　　　　　2　アエ　　　　　3　イオ　　　　　4　ウエ　　　　　5　ウオ

第17問 共用部分である旨の登記又は団地共用部分である旨の登記に関する次のアからオまでの記述のうち，**誤っているもの**の組合せは，後記１から５までのうち，どれか。

ア 表題登記のある建物について共用部分とする旨の規約を定めた場合には，当該建物の表題部所有者は，当該規約を定めた日から１か月以内に，共用部分である旨の登記を申請しなければならない。

イ 所有権の登記がない建物について共用部分である旨の登記がされる場合には，当該建物の表題部所有者に関する登記事項を抹消する記号が記録される。

ウ 共用部分である旨の登記がある建物について，当該建物の種類を倉庫から車庫に変更した場合には，規約により共用部分の所有者と定められた者は，当該建物の表題部の変更の登記を申請しなければならない。

エ 団地共用部分である旨の登記がある区分建物でない建物について，建物の区分の登記を申請する場合には，当該建物の所有者を証する情報を添付情報として提供しなければならない。

オ 団地共用部分を共用すべき者の所有する区分建物でない建物について，団地共用部分である旨の登記を申請する場合において，当該建物の不動産番号を申請情報の内容とするときであっても，当該建物の家屋番号を申請情報の内容としなければならない。

1 アイ　　　　2 アオ　　　　3 イウ　　　　4 ウエ　　　　5 エオ

第18問 筆界特定の手続に関する次のアからオまでの記述のうち，**正しいもの**の組合せは，後記１から５までのうち，どれか。

ア 筆界調査委員が実地調査を行うために他人の土地に立ち入る場合において，当該土地の占有者がいないときは，あらかじめ土地の表題部所有者又は所有権登記名義人に通知をしなければならない。

イ 筆界調査委員は，対象土地の筆界特定のために必要な事実の調査を終了した場合には，申請人に対し，対象土地の筆界特定についての意見を提出しなければならない。

ウ 対象土地の筆界特定をしたことにより対象土地の地積が算出できる場合には，筆界特定の内容を表示した図面に当該土地の地積が記載される。

エ 筆界調査委員が筆界特定のために必要な事実の調査をする場合には，筆界調査委員は，申請人及び関係人以外のその他の者からその知っている事実を聴取し又は資料の提出を求めることができる。

オ 筆界特定の手続における測量に要する費用は，申請人が負担する。

1 アイ　　　　2 アエ　　　　3 イウ　　　　4 ウオ　　　　5 エオ

第19問　法定相続情報を記載した書面（以下「法定相続情報一覧図」という。）の保管及び法定相続情報一覧図の写しの交付の申出に関する次のアからオまでの記述のうち，**正しいもの**の組合せは，後記1から5までのうち，どれか。

ア　委任を受けた土地家屋調査士が，法定相続情報一覧図の写しの交付の申出をする場合には，代理人の権限を証する書面として，委任状以外の書面を添付する必要はない。

イ　法定相続情報一覧図の保管の申出は，申出人の住所地を管轄する登記所に申出をすることができる。

ウ　法定相続情報一覧図の保管の申出をする際に申出書に添付する法定相続情報一覧図には，相続開始の時における同順位の相続人の住所を記載しなければならない。

エ　法定相続情報一覧図の保管の申出をするには，被相続人が不動産の表題部所有者又は所有権の登記名義人として登記されていることを要する。

オ　法定相続情報一覧図の写しの再交付の申出は，当該法定相続情報一覧図の保管の申出をした申出人のみがすることができる。

1　アイ　　　　2　アエ　　　　3　イオ　　　　4　ウエ　　　　5　ウオ

第20問　土地家屋調査士又は土地家屋調査士法人に関する次のアからオまでの記述のうち，**正しいもの**の組合せは，後記1から5までのうち，どれか。

ア　土地家屋調査士が死亡したときは，その相続人は，遅滞なく，その旨を日本土地家屋調査士会連合会に届け出なければならない。

イ　土地家屋調査士が引き続き2年以上業務を行わないときは，日本土地家屋調査士会連合会は，その登録を取り消さなければならない。

ウ　土地家屋調査士法人は，定款の定めによらなければ，社員のうち特に土地家屋調査士法人を代表すべきものを定めることができない。

エ　法務大臣は，土地家屋調査士又は土地家屋調査士法人について，戒告の処分をしたときには，遅滞なく，その旨を官報をもって公告しなければならない。

オ　法務大臣は，土地家屋調査士法人に対する懲戒処分として，当該法人の業務の一部に限った業務の停止を命ずることはできない。

1　アエ　　　　2　アオ　　　　3　イウ　　　　4　イエ　　　　5　ウオ

第21問　土地家屋調査士法務新太は，次の〔調査図素図〕に示すA市B町二丁目1番1の土地（以下「甲土地」という。），同1番2の土地（以下「乙土地」といい，甲土地と併せて「本件各土地」という。）の所有者である河野桂子から，本件各土地の表示に関する登記の相談を受け，【土地家屋調査士法務新太による聴取結果の概要】のとおり事情を聴取するとともに，本件各土地について必要となる表示に関する登記の申請手続についての代理並びに当該登記に必要な調査及び測量の依頼を受け，【土地家屋調査士法務新太による調査及び測量の結果の概要】のとおり必要な調査及び測量を行った上，必要となる表示に関する登記の申請を行った。

　　　以上に基づき，次の問1から問5までに答えなさい。

〔調査図素図〕

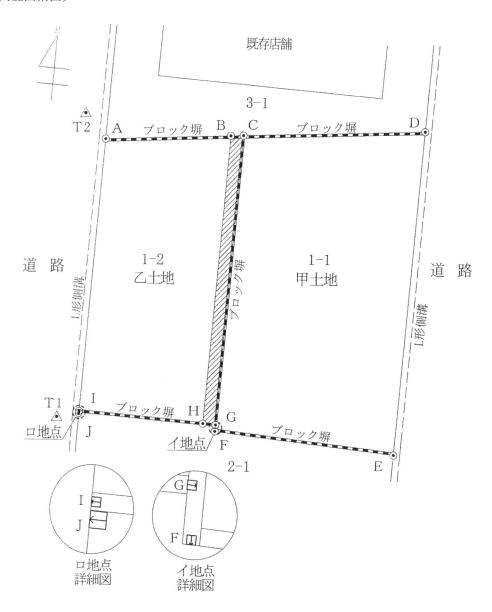

（注）1　Ｂ点は，Ａ点とＣ点を結ぶ直線上にある。
　　　2　Ｈ点は，Ｇ点とＩ点を結ぶ直線上にある。
　　　3　Ｉ点は，Ａ点とＪ点を結ぶ直線上にある。

問1　次の文は，土地家屋調査士法務新太が，【土地家屋調査士法務新太による聴取結果
の概要】及び【土地家屋調査士法務新太による調査及び測量の結果の概要】を踏まえ
て，〔調査図素図〕における乙土地に係るイ地点の筆界点及びロ地点の筆界点を判断
するに当たって検討した事項である。（　ア　）から（　エ　）までに入る文言を別
紙第21問答案用紙の第1欄に記載しなさい。なお，（　ウ　）には「Ｆ点」又は「Ｇ
点」の文言が入り，（　エ　）には「Ｉ点」又は「Ｊ点」の文言が入る。

> 　地積測量図とは，（　ア　）の土地の地積に関する（　イ　）の結果を明らかに
> する図面であって，法務省令で定めるところにより作成されるものをいう。不動
> 産登記規則において，地積測量図には，筆界の点間距離を記録することとなって
> いる。
> 　【土地家屋調査士法務新太による調査及び測量の結果の概要】から，Ｃ点から
> （　ウ　）までの点間距離及びＡ点から（　エ　）までの点間距離を算出すると，
> これらと甲土地から乙土地が分筆された際に提出された地積測量図に記録されて
> いる点間距離とが一致する。
> 　したがって，イ地点における筆界点を（　ウ　），ロ地点における筆界点を
> （　エ　）と判断した。

問2　【土地家屋調査士法務新太による聴取結果の概要】及び【土地家屋調査士法務新太
による調査及び測量の結果の概要】から，Ｂ点及びＨ点の座標値を求め，別紙第21
問答案用紙の第2欄に記載しなさい。

問3　別紙第21問答案用紙の第3欄を用いて，土地家屋調査士法務新太が令和5年8月
10日に申請した乙土地に関する登記の申請書に添付する地積測量図を完成させなさ
い。

問4　別紙第21問答案用紙の第4欄の空欄を埋めて，土地家屋調査士法務新太が令和5
年10月16日に申請した甲土地に関する登記の申請書を完成させなさい。ただし，【土
地家屋調査士法務新太による聴取結果の概要】10の河野桂子の希望を踏まえて申請
することとし，必要な土地の表示に関する登記が複数ある場合は，一の申請情報によ
り申請するものとする。なお，登録免許税の欄については，登録免許税の納付を要し
ない場合は不要と記載すること。

問5　河野桂子は，自らが所有する本件各土地とは別の場所に位置する土地（以下「丙土
地」という。）について，土地家屋調査士法務新太に対し，「丙土地は，現在，建物の

敷地となっているが，丙土地の一部を道路として無償貸与している。しかし，道路として使用されている部分は分筆されておらず，利用状況と登記記録の内容が一致していない。今般，丙土地が位置する地域で法務局の地図作成事業が実施されることとなったが，地図作成事業で，丙土地に係る利用状況と登記記録の不一致は是正されるのか。」との質問をした。

　次の文は，前記質問に対し，土地家屋調査士法務新太がした説明である。（　①　）から（　④　）までに入る文言を，別紙第21問答案用紙の第5欄の該当欄に記載しなさい。

　　登記官は，登記の申請がない場合であっても，不動産登記法第14条第1項の地図を作成するため必要があると認めるときは，（　①　）又は（　②　）の登記名義人の（　③　）がないときに限り，（　④　）で，分筆又は合筆の登記をすることができるとされています。

　　したがって，登記官が不動産登記法第14条第1項の地図を作成するために必要があると認めたときは，（　①　）又は（　②　）の登記名義人の（　③　）がなければ，分筆及び合筆の登記がされることがあるので，そのような場合には，丙土地に係る利用状況と登記記録の不一致が是正されます。

(注)1　本問における行為は全て適法に行われており，法律上必要な書類は全て適法に作成されているものとする。

　　2　登記の申請は，書面申請の方法によってするものとする。

　　3　座標値は，計算結果の小数点以下第3位を四捨五入し，小数点以下第2位までとすること。

　　4　地積測量図は，250分の1の縮尺により作成すること。また，地積測量図に記載する測量の結果を用いて求めた筆界点間の距離は，計算結果の小数点以下第3位を四捨五入し，小数点以下第2位までとすること。

　　5　地積測量図には，各筆界点の座標値，平面直角座標系の番号又は記号，地積及びその求積方法並びに測量年月日は，記載することを要しない。

　　6　A市基準点の各点は，地積測量図にその地点を明示して点名を付して記載すること。ただし，座標値を記載することを要しない。

　　7　乙土地を分筆する場合の分筆後の地番は，分筆後の土地のうち**西側の土地を1番2**とし，その余の土地については**新地番を1番4**として付番すること。
　　　※乙土地：「本件借地」の意味である（本学院注釈）。

　　8　**別紙第21問答案用紙の各欄に記載する文字は字画を明確にし，訂正，加入又は削除をするときは，訂正は訂正すべき字句に線を引き，近接箇所に訂正後の字句を記載し，加入は加入する部分を明示して行い，削除は削除すべき字句に線を引いて，訂正，加入又は削除をしたことが明確に分かるように記載すること。ただし，押印や字数を記載することを要しない。**

　　9　登記申請書に記載する地積について，小数点以下の端数が生じる場合には，提出済みの地積測量図に記載された端数を援用すること。

【土地家屋調査士法務新太による聴取結果の概要】

1　A市B町二丁目2番地1に住所を有する河野桂子は，本件各土地及び2番1の土地を所有している。

2　桜田裕斗が代表取締役を務める株式会社桜ストアは，3番1の土地を所有している。

3　河野桂子は，平成15年から，株式会社桜ストアに対し，3番1の土地に存在する店舗（以下「既存店舗」という。）の従業員のみが使用する駐車場として，甲土地を賃貸している。

4　河野桂子は，平成25年から，花山光司に対し，A点，C点，G点，I点及びA点を順次直線で結んだ範囲の土地（以下「本件借地」という。）を賃貸している。

5　株式会社桜ストアは，既存店舗の建替えに伴い，河野桂子に対し，甲土地及び乙土地の東側の一部（B点，C点，G点，H点及びB点の各点を順次結んだ範囲の部分。以下「斜線部分」という。）の土地を新築する予定の店舗（以下「新店舗」という。）の敷地として購入したい旨を申し出た。そこで，河野桂子は，花山光司との間で，前記4の乙土地に係る賃借権の範囲を変更することについて協議をした。すると，花山光司は，河野桂子に対し，本件借地の賃借権の範囲を変更するよりも，本件借地の西側部分（A点，B点，H点，I点及びA点を順次直線で結んだ範囲（以下「西側部分」という。））の土地を購入したい旨を申し出たため，河野桂子は，花山光司との間で西側部分の土地を売却し，令和5年8月31日までに所有権の移転の登記をすることを合意した。

6　河野桂子は，令和5年4月1日，株式会社桜ストアとの間で，甲土地及び斜線部分の土地を売却する契約（以下「本件売買契約」という。）を締結し，その際，以下の①及び②の合意をした。なお，B点とH点を結ぶ直線は，C点とG点を結ぶ直線に平行で，その西側に1.00m離れた直線である。

　①　株式会社桜ストアは，新店舗の新築工事と併せて，甲土地の北側に存在するブロック塀並びに斜線部分の北側及び東側に存在するブロック塀を撤去し，新たにB点とH点を結ぶ直線上にブロック塀を設置する工事（以下「本件工事」という。）を行う。

　②　本件工事完了後，河野桂子は，甲土地及び斜線部分の土地を一筆の土地にした上で，当該一筆の土地について，本件売買契約に基づき，河野桂子から株式会社桜ストアへの所有権の移転の登記をする。

7　株式会社桜ストアは，令和5年4月3日から既存店舗の解体工事に着手し，同年5月31日にその工事は完了した。

8　株式会社桜ストアは，令和5年6月1日から本件工事及び新店舗の新築工事に着手し，同年9月20日にその全ての工事が完了し，新店舗の営業が開始した。

9　甲土地及び斜線部分の土地は，新店舗を利用する者の車両や新店舗に商品を納品する車両の駐車場として利用されているとともに，新店舗において販売している商品の特価品や新製品を屋外に陳列するための展示販売所としても利用されている。

10　河野桂子は，前記5及び6の所有権の移転の登記を申請する前提として必要となる登記その他の不動産登記法上必要となる表示に関する登記をすることを希望している。

11　土地家屋調査士法務新太は，同年8月10日，前記5の乙土地について，必要な登記を申請し，当該登記は，同月21日，完了した。

12　河野桂子は，同年9月20日，甲土地について，順位1番の抵当権の抹消の登記を申請し，

当該登記は，同月29日，完了した。その後，法務新太は，同年10月16日，前記6の甲土地及び斜線部分の土地について，必要な登記を申請した。

13　河野桂子は，本件各土地の登記識別情報を保有している。

【土地家屋調査士法務新太による調査及び測量の結果の概要】

1　資料に関する調査の結果

　⑴　登記記録の調査結果

　　ア　甲土地の登記記録の抜粋

　　　（表題部）

　　　　　所　在　　A市B町二丁目

　　　　　地　番　　1番1

　　　　　地　目　　雑種地

　　　　　地　積　　335㎡

　　　（権利部）

　　　　　甲　区　　1番　A市B町二丁目2番地1　河野桂子

　　　　　乙　区　　1番　抵当権設定　平成15年8月1日受付第1234号

　　　　　原　因　　平成15年8月1日金銭消費貸借同日設定

　　　　　債権額　　金1900万円　利息　年3.60%

　　　　　損害金　　年18.00%（年365日の日割計算）

　　　　　債務者　　A市B町二丁目2番地1　河野桂子

　　　　　抵当権者　A市C町三丁目1番1号　法務信用金庫

　　イ　乙土地の登記記録の抜粋

　　　（表題部）

　　　　　所　在　　A市B町二丁目

　　　　　地　番　　1番2

　　　　　地　目　　宅地

　　　　　地　積　　<u>119.16㎡</u>

　　　　　　　　　　236.81㎡

　　　　　原因日付〔登記の日付〕　1番3を合筆〔平成25年9月1日〕

　　　（権利部）

　　　　　甲　区　　A市B町二丁目2番地1　河野桂子

　　　　　乙　区　　（登記事項なし）

　　ウ　2番1の登記記録の抜粋

　　　（表題部）

　　　　　所　在　　A市B町二丁目

　　　　　地　番　　2番1

地　目　宅地

　　　地　積　528.92㎡

　（権利部）

　　　甲　区　Ａ市Ｂ町二丁目２番地１　河野桂子

　　　乙　区　（登記事項なし）

　エ　３番１の登記記録の抜粋

　（表題部）

　　　所　在　Ａ市Ｂ町二丁目

　　　地　番　３番１

　　　地　目　宅地

　　　地　積　991.73㎡

　（権利部）

　　　甲　区　Ｄ市Ｅ町二丁目１番３号　株式会社桜ストア

　　　乙　区　（登記事項なし）

(2)　地図等に関する調査結果

　　　本件各土地が所在する地域には，不動産登記法第14条第１項の地図は備え付けられていないが，地図に準ずる図面が備え付けられている。また，本件各土地が所在する地域は，不動産登記規則第10条第２項第１号の市街地地域に属する。

(3)　本件各土地及び隣接地に係る図面等の調査結果

　　　本件各土地については，平成15年に，甲土地から乙土地が分筆された際に提出された地積測量図がそれぞれ備え付けられている。なお，平成25年９月１日，１番２の土地と１番３の土地とが合筆されて，乙土地となった。

〔地積測量図（抜粋）〕

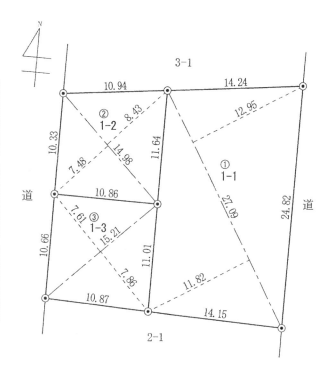

三斜求積表

地番 ① 1-1			
	底　辺	高　さ	倍　面　積
	27.09	12.95	350.815500
	27.09	11.82	320.203800
	倍　面　積		671.019300
	面　積		335.5096500
	地　積		335.50　㎡

地番 ② 1-2			
	底　辺	高　さ	倍　面　積
	14.98	8.43	126.281400
	14.98	7.48	112.050400
	倍　面　積		238.331800
	面　積		119.1659000
	地　積		119.16　㎡

地番 ③ 1-3			
	底　辺	高　さ	倍　面　積
	15.21	7.61	115.748100
	15.21	7.86	119.550600
	倍　面　積		235.298700
	面　積		117.6493500
	地　積		117.64　㎡

(4)　A市道路管理課における道路境界の調査の結果

　　A市道路管理課において，道路境界の調査を行った結果，本件各土地については道路境界の確認がされており，道路境界確認図が備え付けられていた。

2　本件各土地の利用状況，境界標の状況並びに立会い及び測量の結果

(1)　本件各土地の利用状況

　　本件各土地の利用状況は【土地家屋調査士法務新太による聴取結果の概要】のとおりである。なお，甲土地及び斜線部分の土地は，新店舗との一体利用が不可欠な状態にあることが確認された。

(2)　境界標の状況に関する調査

　　〔調査図素図〕のA点，D点，E点及びJ点にはコンクリート杭が設置されており，C点，F点，G点及びI点には金属標が設置されている。なお，全ての境界標には永続性があることが確認された。

(3)　土地家屋調査士法務新太による検証及び立会の結果等

　ア　土地家屋調査士法務新太による検証の結果，現地の境界標と登記所備付資料の地積測量図及び道路境界確認図の成果は整合していることが確認された。

　イ　土地家屋調査士法務新太による検証の結果，本件各土地の筆界は，登記所備付地積測量図のとおりであることが確認された。また，現地立会いの結果，本件土地の筆界は，河野桂子の認識とも一致した。また，土地家屋調査士法務新太は，河野桂子との間で本件土地の分割点についても確認した。

ウ　土地家屋調査士法務新太による検証の結果，甲土地と3番1の土地との筆界及び乙土地と3番1との筆界は，A点，C点及びD点を順次結んだ直線であることが確認された。また，現地立会の結果，これらの筆界は，株式会社桜ストアの代表取締役である桜田裕斗の認識とも一致した。

エ　土地家屋調査士法務新太は，分割点であるB点及びH点に永続性のあるコンクリート杭を設置した。また，G点には金属標が設置されていたが，当該金属標は，ブロック塀の撤去工事の際に亡失していたため，土地家屋調査士法務新太は，令和5年8月7日に新たにG点に永続性のあるコンクリート杭を設置した。

(4)　測量の結果

　　近傍のA市基準点の点検測量を行った結果，許容誤差内にあることを確認した。そこで，次の〔A市基準点成果表〕の値をもって，測量を行い，次の〔測量によって得られた座標値〕のとおり筆界点等の座標値を得た。

ア　〔A市基準点成果表〕

点名	X座標（m）	Y座標（m）
T1	680.04	690.97
T2	703.30	691.02

イ　〔測量によって得られた座標値〕

点名	X座標（m）	Y座標（m）
A	701.48	692.76
C	702.79	703.62
D	704.50	717.76
E	679.68	717.76
F	680.14	703.62
G	680.64	703.62
I	680.64	692.76
J	680.49	692.76

第22問　甲田栄一は，自己の所有するＡ市Ｂ町一丁目３番９の土地（以下「本件土地」とい
　　　　う。）上に，家屋番号Ｂ町一丁目３番９の１の区分建物（以下「３番９の１の区分建物」
　　　　という。）及び家屋番号Ｂ町一丁目３番９の２の区分建物（以下「３番９の２の区分建
　　　　物」といい，３番９の１の区分建物と併せて「本件各区分建物」という。）を新築し，
　　　　本件各区分建物を所有している。土地家屋調査士法務太郎は，【事実関係】のとおり，甲
　　　　田栄一から表示に関する登記についての相談を受けて事情を聴取し，必要となる全ての表
　　　　示に関する登記の申請手続についての代理並びに当該登記に必要な調査及び測量の依頼を
　　　　受け，現地の測量及び【登記記録】のとおり登記記録を調査した上，必要となる登記の申
　　　　請を行った。なお，本件土地及び本件各区分建物には，【登記記録】に記録されている権
　　　　利以外の権利は存在しない。

　　　　　以上に基づき，次の問１から問４までに答えなさい。

　　問１　土地家屋調査士法務太郎は，甲田栄一から，「本件各区分建物を区分建物でない建
　　　　　物としたいが，どのような登記手続が可能なのか。」との質問を受けた。
　　　　　　次の文は，上記の質問を受けて，土地家屋調査士法務太郎が甲田栄一に対して行っ
　　　　た説明である。（　ア　）から（　オ　）までに入る文言を別紙第22問答案用紙の第
　　　　１欄の該当欄に記載しなさい。

　　　　　　　今回，申請すべき登記は，区分建物の（　ア　）の登記となります。
　　　　　　まず，本件工事の内容からすると，本件各区分建物の（　イ　）が失われるも
　　　　　のではないため，本件各区分建物が（　ウ　）したとみることはできません。本
　　　　　件各区分建物は，所有権の登記名義人が相互に異なる建物ではなく，所有権等の
　　　　　登記以外の（　エ　）に関する登記のある建物でもありません。また，本件各区
　　　　　分建物は，主たる建物と附属建物の関係にはありませんが，互いに（　オ　）し
　　　　　ている建物です。そのほかに区分建物の（　ア　）の登記を制限する事由はあり
　　　　　ません。そのため，本件各区分建物を区分建物ではない建物にするためには，
　　　　　（　ア　）の登記を申請すべきことになります。
　　　　　　また，本件工事により建物の登記事項に変更が生じている場合には，建物の表
　　　　　題部の変更の登記を申請する必要があります。

　　問２　別紙第22問答案用紙の第２欄の空欄を埋めて，土地家屋調査士法務太郎が申請し
　　　　た本件各区分建物に関する表示に関する登記の申請書を完成させなさい。
　　　　　　ただし，登記の申請は，一の申請情報によって申請し，建物の表題部の変更の登記
　　　　に係る申請情報を先に記載するものとする。なお，登録免許税の欄については，登録
　　　　免許税の納付を要しない場合は「不要」と記載し，敷地権の表示に関する登記の申請
　　　　が不要である場合には，「原因及びその日付」欄に「記載不要」と記載すること。

　　問３　別紙第22問答案用紙の第３欄を用いて，問２の登記申請書に添付する建物図面及
　　　　び各階平面図を完成させなさい。

問4　仮に,【事実関係】とは異なり,土地家屋調査士法務太郎は,本件各区分建物が新築された当時,甲田栄一から,本件各区分建物の表題登記の申請の依頼を受けたとする。次の文は,土地家屋調査士法務太郎が当該表題登記の申請時に提供したと考えられる添付情報と当該添付情報を提供した理由を説明したものである。（　①　）から（　⑤　）までに入る文言を別紙第22問答案用紙の第4欄の該当欄に記載しなさい。

> 　登記申請時に必要な添付情報は,建物図面,各階平面図,所有権を証する情報,住所を証する情報,代理権限を証する情報及び（　①　）があります。
> 　（　①　）が添付情報として必要な理由は,本件各区分建物の【登記記録】に,（　②　）が記録されていないので,専有部分とその専有部分に係る（　③　）とを（　④　）して（　⑤　）することができる旨を定めた（　①　）を,登記申請時に提供しなければならないためです。

(注)1　本問における行為は全て適法に行われており,法律上必要な書類は全て適法に作成されているものとする。

　　2　登記の申請は,書面申請の方法によってするものとする。

　　3　建物図面は500分の1の縮尺により,各階平面図は250分の1の縮尺により,それぞれ作成すること。

　　4　**各階平面図に記載する距離は,小数点以下第2位までを記載し,建物図面に記載する距離は,小数点第1位までを記載すること。**

　　5　**別紙第22問答案用紙の各欄に記載する文字は字画を明瞭にし,訂正,加入又は削除をするときは,訂正は訂正すべき字句に線を引き,近接箇所に訂正後の字句を記載し,加入は加入する部分を明示して行い,削除は削除すべき字句に線を引いて,訂正,加入又は削除をしたことが明瞭に分かるように記載すること。ただし,押印や字数を記載することを要しない。**

【事実関係】

1　Ａ市Ｂ町一丁目３番地９に住所を有する甲田栄一は，平成25年に父である甲田栄太から，相続により単独で所有権を取得した本件土地上に，平成27年３月３日，二世帯住宅として本件各区分建物を新築し，本件各区分建物を所有している。本件各区分建物は，図２〔各階平面図〕【工事前】のとおり，世帯ごとに区画された部分について区分建物として登記がされている。

2　甲田栄一は，３番９の２の区分建物に妻と二人で居住しており，甲田栄一の息子である甲田栄佑とその妻は，３番９の１の区分建物に居住している。

3　令和４年に甲田栄佑とその妻の間に子供が生まれたため，甲田栄一は，本件各区分建物について増築及びリフォーム工事（以下「本件工事」という。）を行った。甲田栄一は，本件工事の代金を全て支払った。

4　本件工事の概要は，以下の(1)から(5)までのとおりであり，これらの番号は図２〔各階平面図〕【工事完了後】中の(1)から(5)までの箇所に施行された工事に対応している。

(1)　外に出ることなく１階と２階を往来できるように，施錠できる木製の扉を付けた（図２〔各階平面図〕【工事完了後】中の(1)木製扉設置に対応した工事）。

(2)　バルコニーとして使用していた部分の一部を増築し，リビングを拡張した（図２〔各階平面図〕【工事完了後】中の(2)リビング拡張工事部分に対応した工事）。なお，増築した部分の構造は，軽量鉄骨造である。

(3)　子供部屋が設けられるように２階の間取りを変更した（図２〔各階平面図〕【工事完了後】中の(3)間取り変更に対応した工事）。

(4)　陸屋根をスレートぶきの勾配屋根に変更した（図２〔各階平面図〕【工事完了後】中の(4)スレートぶき勾配屋根に変更に対応した工事）。

(5)　物置として使用するための屋根裏部屋を設置した（図２〔各階平面図〕【工事完了後】中の(5)屋根裏部屋増築に対応した工事）。

5　本件工事は，令和５年10月６日に完了した。本件工事を請け負った乙山建設株式会社は，同日，甲田栄一に対し，本件工事が完了したことに伴う表示に関する登記に必要となる書類一式を交付するとともに，本件各区分建物を引き渡した。

6　甲田栄一は，本件工事後に必要となる表示に関する登記手続をした。また，甲田栄一は，今後相続が発生した時に備えて，本件各区分建物を区分建物ではない建物とすることを希望している。なお，甲田栄一は，本件各区分建物の登記識別情報を保有している。

〔調査図〕
図1〔建物配置図〕

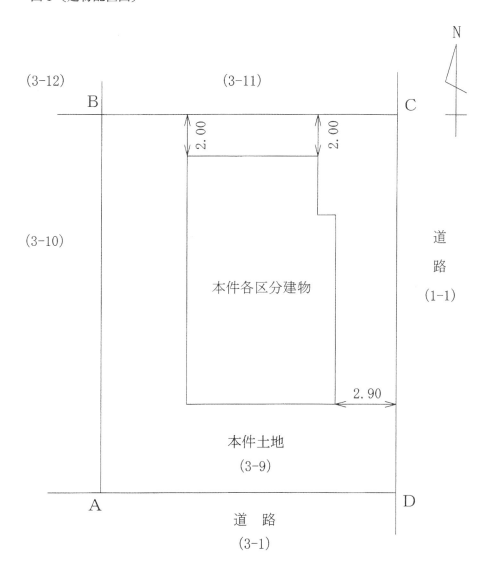

〔座標値一覧表〕

点名	X座標（m）	Y座標（m）
A	50.00	75.00
B	68.00	75.00
C	68.00	89.50
D	52.00	88.00

図2〔各階平面図〕
【工事前】

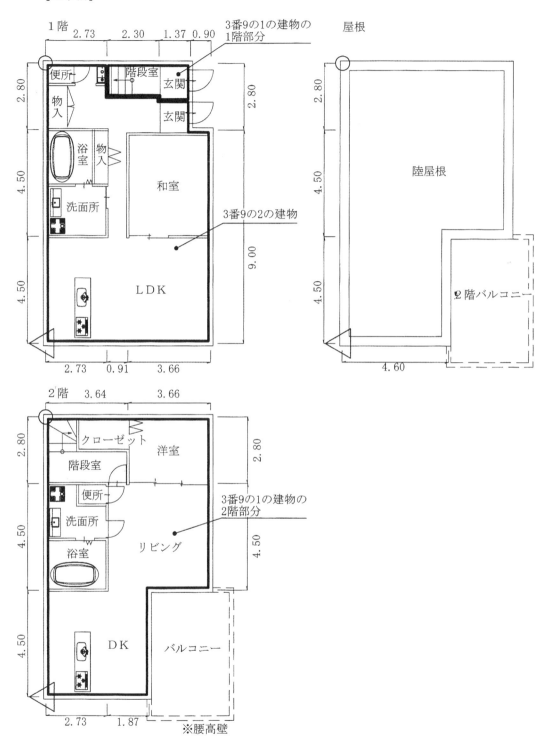

※1階部分及び2階部分において，□□□で囲まれた部分は，本件各区分建物として登記されている専有部分の区画を表す。

【工事完了後】

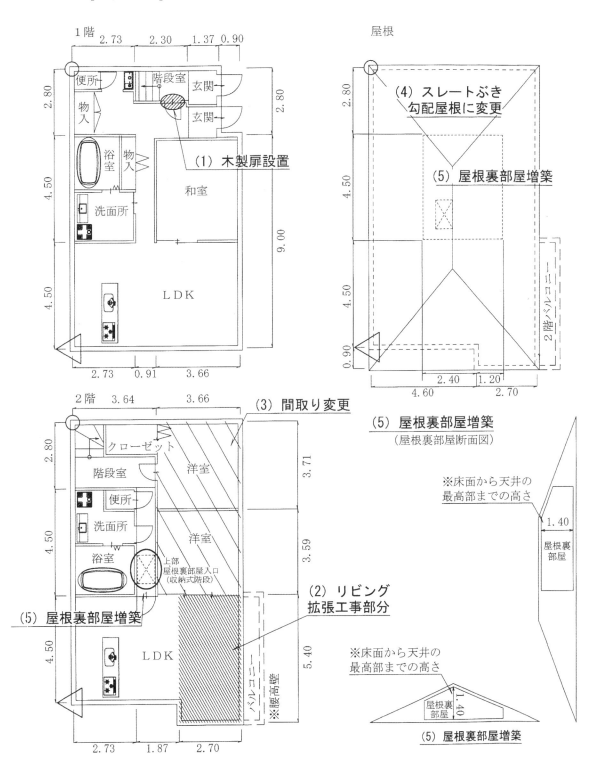

1階

便所
物入
浴室 物入
洗面所
和室
LDK
玄関
玄関

(1) 木製扉設置

2.73 2.30 1.37 0.90
2.80 4.50 4.50 2.80 9.00
2.73 0.91 3.66

屋根

(4) スレートぶき
勾配屋根に変更

(5) 屋根裏部屋増築

2階バルコニー

2.80 4.50 4.50 0.90
4.60 2.40 1.20 2.70

2階

クローゼット
階段室
便所
洗面所
浴室
LDK
洋室
洋室

上部
屋根裏部屋入口
(収納式階段)

(3) 間取り変更

(2) リビング
拡張工事部分

(5) 屋根裏部屋増築

※腰高壁
バルコニー

3.64 3.66
2.80 4.50 4.50
3.71 3.59 5.40
2.73 1.87 2.70

(5) 屋根裏部屋増築
(屋根裏部屋断面図)

※床面から天井の
最高部までの高さ

1.40
屋根裏部屋

※床面から天井の
最高部までの高さ

屋根裏部屋 1.40

(5) 屋根裏部屋増築

（注）1　距離の単位はメートルである。
　　　2　図1〔建物配置図〕中の数値は，土地の筆界から建物の外壁までの距離を示しており，図2〔各階平面図〕の数値は，鉄骨の柱又は壁の中心間の距離を示している。
　　　3　鉄骨は両側が被覆されており，壁の厚さは全ての部分で0.15メートルである。
　　　4　建物の隅部は，全て直角である。
　　　5　△及び○印は，各階の重なっている部分を示す。
　　　6　図1〔建物配置図〕中の（　）内は，土地の地番を示す。
　　　7　図1〔建物配置図〕中のA，B，C及びDは本件土地の筆界点を示し，筆界点の座標値は，〔座標値一覧表〕のとおりである。
　　　8　北は，X軸の正方向に一致する。
　　　9　図1〔建物配置図〕及び図2〔各階平面図〕【工事前】記載の寸法値は，既に法務局に備え付けられている建物図面及び各階平面図記載の建物の辺長及び敷地からの距離と合致している。
　　　10　図2〔各階平面図〕【工事完了後】は，本件工事完了後の各階平面図である。

－38－

【登記記録】

専有部分の家屋番号			3-9-1　3-9-2		
表　題　部　（一棟の建物の表示）		調製	省略	所在図番号	余　白
所　　　在	A市B町一丁目3番地9			余　白	
①　構　　　造		②　床　面　積　　㎡		原因及びその日付〔登記の日付〕	
軽量鉄骨造陸屋根2階建		1階　　　　省略 2階		〔平成27年3月13日登記〕	

表　題　部　（専有部分の建物の表示）			不動産番号	省略
家屋番号	B町一丁目3番9の1		余　白	
①　種　類	②　構　　　造	③床面積　㎡	余　白	
居宅	軽量鉄骨造2階建	1階部分　4 ¦ 61 2階部分 70 ¦ 21	平成27年3月3日新築 〔平成27年3月13日登記〕	
所　有　者	A市B町一丁目3番地9　甲　田　栄　一			

権　利　部　（甲区）　（所有権に関する事項）			
順位番号	登　記　の　目　的	受付年月日・受付番号	権　利　者　そ　の　他　の　事　項
1	所有権保存	平成27年4月2日 第12346号	所有者　A市B町一丁目3番地9 甲　田　栄　一

＊　下線のあるものは抹消事項であることを示す。
　　（※乙区に登記は存在しない）

専有部分の家屋番号			3-9-1　3-9-2		
表　題　部　（一棟の建物の表示）		調製	省略	所在図番号	余　白
所　　　在	A市B町一丁目3番地9			余　白	
①　構　　　造		②　床　面　積　　㎡		原因及びその日付〔登記の日付〕	
軽量鉄骨造陸屋根2階建		1階　　　　省略 2階		〔平成27年3月13日登記〕	

表　題　部　（専有部分の建物の表示）			不動産番号	省略
家屋番号	B町一丁目3番9の2		余　白	
①　種　類	②　構　　　造	③床面積　㎡	余　白	
居宅	軽量鉄骨造1階建	1階部分 74 ¦ 72	平成27年3月3日新築 〔平成27年3月13日登記〕	
所　有　者	A市B町一丁目3番地9　甲　田　栄　一			

権　利　部　（甲区）　（所有権に関する事項）			
順位番号	登　記　の　目　的	受付年月日・受付番号	権　利　者　そ　の　他　の　事　項
1	所有権保存	平成27年4月2日 第12345号	所有者　A市B町一丁目3番地9 甲　田　栄　一

＊　下線のあるものは抹消事項であることを示す。

表　題　部　（土地の表示）			調製	余　白	不動産番号	省略
地図番号	余　白		筆界特定		余　白	
所　　　在	A市B町一丁目				余　白	
①　地　番	②　地　目	③　地　積　　　　㎡			原因及びその日付〔登記の日付〕	
3番9	宅地		233 ⋮ 00		省略	

権　利　部　（甲区）　（所有権に関する事項）			
順位番号	登　記　の　目　的	受付年月日・受付番号	権　利　者　そ　の　他　の　事　項
1	所有権移転	省略	省略
2	所有権移転	平成25年　省略	原因　平成25年（省略）相続 所有者　A市B町一丁目3番地9 　甲　田　栄　一

＊　下線のあるものは抹消事項であることを示す。
　　（※乙区に登記は存在しない）

第21問答案用紙

第1欄

ア		イ	
ウ		エ	

第2欄

	X座標（m）	Y座標（m）
B 点		
H 点		

第4欄

登 記 申 請 書

登 記 の 目 的	

添 付 書 類	

令和5年10月16日　申請　A地方法務局

申　請　人	

代　理　人　　　（略）

登 録 免 許 税	

所在				
土地の表示	①地　番	②地　目	③地　積　　㎡	登記原因及びその日付

第5欄

①		②	
③		④	

第3欄

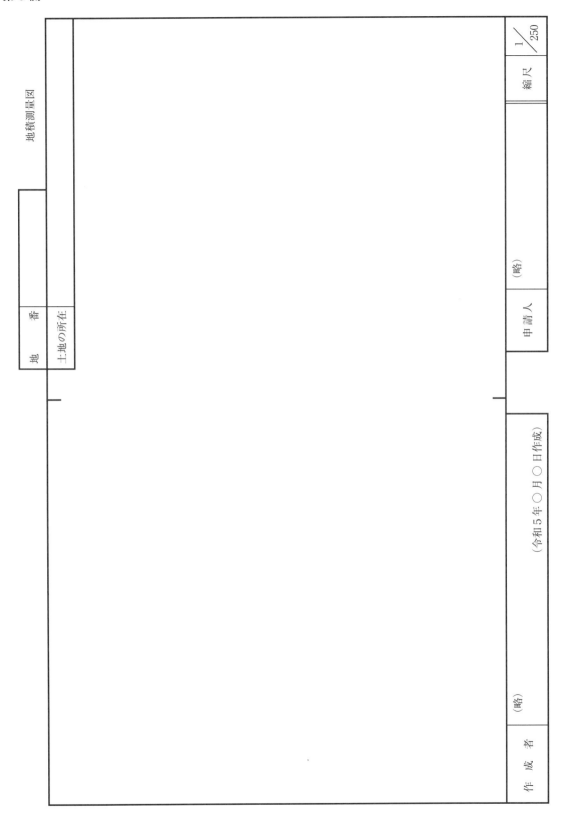

地積測量図

地　番	
土地の所在	

縮尺　1/250

申請人　（略）

（令和5年○月○日作成）

作　成　者　（略）

第 1 欄

ア		イ	
ウ		エ	
オ			

第 2 欄

登　記　申　請　書

登記の目的	

添付書類	

令和5年10月12日　申請　A地方法務局

申　請　人	

代　理　人　　　　（略）

登録免許税	

一棟の建物の表示	所　在		
	建物の名称		
	①構　造	②床　面　積 ㎡　　　　㎡	原因及びその日付

敷地権の目的である土地の表示	①土地の符号	②所在及び地番	③地目	④地積　㎡	原因及びその日付

	家屋番号	建物の名称	主たる建物又は附属建物	①種類	②構造	③床面積　㎡	原因及びその日付
区分した建物の表示							
		所在　（省略）					
	（省略）						

敷地権の表示	①土地の符号	②敷地権の種類	③敷地権の割合	原因及びその日付

第4欄

①		②	
③		④	
⑤			

第3欄

建物図面

家屋番号	
建物の所在	

各階平面図

縮尺	1/500
申請人	(略)

縮尺	1/250
作成者	(略)

(令和5年○月○日作成)

— 46 —

多肢択一式問題　正解番号及び出題テーマ

問題	正解	出　題　テ　ー　マ	難易度
第1問	2	無効及び取消し	C
第2問	1	物権的請求権	C
第3問	4	遺言	B
第4問	3	登記官の実地調査	C
第5問	5	表題部の登記記録等	C
第6問	2	地図	C
第7問	3	土地の表題登記	B
第8問	1	地目	A
第9問	4	土地の分筆の登記	B
第10問	1	建物図面及び各階平面図	B
第11問	4	建物の認定	C
第12問	4	建物の床面積	C
第13問	4	建物の表題登記	B
第14問	2	建物の表示に関する登記の添付情報	B
第15問	3	建物の分割の登記	B
第16問	5	合体による登記等	B
第17問	2	共用部分である旨の登記又は団地共用部分である旨の登記	B
第18問	5	筆界特定の手続	C
第19問	3	法定相続情報証明制度	C
第20問	1	土地家屋調査士又は土地家屋調査士法人	B

難易度　A：やさしい　B：普通　C：難しい

令和 5 年度　土地家屋調査士試験

午後の部 # 解説編

「解説編」における法令名等の略記について

■不動産表示登記関係

・不動産登記法→「法」

・不動産登記令→「令」

・不動産登記規則→「規則」

・不動産登記事務取扱手続準則→「準則」

・建物の区分所有等に関する法律→「区分法」

・登録免許税法→「登免税法」

■土地家屋調査士法関係

・土地家屋調査士法→「法」

・土地家屋調査士法施行規則→「規則」

※試験問題は，令和 5 年 4 月 1 日現在の法令等に基づいて出題されています。
　解説等も，この基準日の法令等に基づいて記述されています。

択一式問題解説

民法に関する事項

第1問　正解▶ 2

出題テーマ	無効及び取消し

ア　**正しい。** 法律行為の当事者が意思表示をした時に意思能力を有しなかったときは，その法律行為は，無効となる（法3条の2）。したがって，売主は，買主に対し，売買契約に基づく目的物の引渡義務を負わない。なお，無効な行為に基づく債務の履行として給付を受けた者は，相手方を原状に復させる義務を負うが（民法121条の2第1項），行為の時に意思能力を有しなかった者は，その行為によって現に利益を受けている限度において，返還の義務を負うとされている（同条3項）。

イ　**誤り。** 相手方と通じてした虚偽の意思表示は，無効であり（民法94条1項），無効な行為は，追認によっても，その効力を生じないとされている（民法119条本文）。ただし，当事者がその行為の無効であることを知って追認をしたときは，新たな行為をしたものとみなされる（同条ただし書）。この場合は，追認の時に有効になるのであって，行為の時から有効とはならない。例えば，虚偽表示の場合にこれを認めると，行為の時から追認の時までの間に，この虚偽表示の無効を主張することのできた第三者の権利を害するおそれがあるからである。

ウ　**正しい。** 強迫による意思表示は取り消すことができる（民法96条1項）。また，取り消された行為は，初めから無効であったものとみなされる（民法121条）。

エ　**誤り。** 未成年者が法律行為をするには，その法定代理人の同意を得なければならないとされ（民法5条1項），同意を得ないでした法律行為は，取り消すことができるとされている（同条2項）。しかし，未成年者の法定代理人が追認をしたときは，以後取り消すことができないとされ（民法122条），確定的に有効になる。その後は未成年者本人であっても取り消すことができない。

オ　**誤り。** 取り消すことのできる行為の追認は，取消しの原因となっていた状況が消滅し，かつ，取消権者が取消権を有することを知った後にしなければ，その効力を生じないとされている（民法124条1項）。また，取消権は，この追認をすることができる時から5年間行使しないときは，時効によって消滅するほか，行為の時から20年を経過したときも，時効によって消滅する（民法126条）。この場合は，取消しの原因となっていた状況が消滅し，かつ，取消権者が取消権を有することを知らなくても消滅する。

　以上により，正しいものはア及びウであるので，正解は2となる。

出題テーマ	物権的請求権

ア　**正しい。**民法176条は,「物権の設定及び移転は,当事者の意思表示のみによって,その効力を生ずる。」と規定するが,所有権の移転の場合には,当事者の意思は容易には判明しない。例えば,特定物である動産の売買契約がされた場合に,契約と同時に目的物の引渡しや代金支払が行われたときは,この契約と同時に所有権を移転する意思があるものとみることができるが,不動産の売買契約では,通常,目的物の引渡し,登記手続,代金支払等が後日に留保されていることが多く,このような場合には,当事者がいつ所有権を移転させるつもりか容易には判明しない。そこで,判例及び通説は,所有権移転の時期について,①売買契約をしたときは,原則として,その時に所有権移転の効果を生じ,②もし,その時に所有権移転の効果を生ずるのに支障があるときは,その支障が無くなった時に所有権移転の効果を生ずるものとし,③ただ,当事者がこれと異なる意思表示をしたことが明らかな場合(例えば,買主が代金の全額を支払ったときに移転すると合意したような場合)は,その時に所有権移転の効果を生ずると解釈している。本肢の場合は,甲土地の所有権の移転時期に関する特約がないので,売買契約の時に所有権はBからAへ移転することになる。したがって,Aは,当該契約締結後直ちに,Bに対して所有権に基づき甲土地の引渡しを請求することができる。

イ　**誤り。**物権的請求権は,物権の効力として認められるものだから,物権的請求権を行使するためには,原則として,対抗要件を備えることを要する。不動産物権であれば,原則として,登記を必要とする(民法177条)。しかし,不法占拠者等不行為者に対しては,登記をしなくても対抗することができる第三者であるため,このような者に対しては,登記をしなくても物権的請求権を行使することができる。

ウ　**誤り。**物権的請求権のうち,返還請求権は,他人が目的物を占有することにより物権を妨害している場合に,その占有者に対して目的物を返還する(明け渡す)ことを請求することができる権利であり,占有者がその相手方となる。占有補助者(占有機関)とは,占有を補助する者のことをいい,独立した占有が認められていない。例えば,占有者と同居する家族や店の店員などが例として挙げられる。したがって,物権的請求権のうちの返還請求権の相手方とはならない。本肢の場合の相手方はBである。

エ　**正しい。**共有物に対する妨害があるときは,各共有者は,単独で,共有物全部に対する第三者の妨害の除去を請求することができる(大判大正7・4・19)。これは,持分権が共有物全部に及ぶものであり,その円満な状態を回復するためには,共有物の全体に対する妨害を除去しなければならないからである。

オ　**誤り。**判例は,物権的請求権は,物権の作用であって独立の権利ではないとして,そこから,所有権に基づく物権的請求権は,所有権と同じく,時効によって消滅することはないとしている(大判大正5・6・23)。

以上により,正しいものはア及びエであるので,正解は1となる。

出題テーマ	遺言

ア **誤り。**自筆証書によって遺言をするには，遺言者が，その全文，日付及び氏名を自書し，これに印を押さなければならないとされている（民法968条1項）。これは，筆跡によって遺言者の真意・遺言の内容を明らかにできるからである。判例は，「カーボン紙（紙の間にはさんで，写しを得るのに用いる紙）を用いることも自書の方法として許されないものでないから，本件遺言書は，民法968条1項の自書の要件に欠けるところはない。」としている（最判平成5・10・19）。これは，カーボン紙による複写であっても本人の筆跡が残り筆跡鑑定によって真筆（しんぴつ，その人が本当に書いた筆跡）かどうかを判定することが可能であって，偽造の危険性はそれほど大きくないからである（仙台高判平成4・1・31）。

イ **正しい。**公正証書によって遺言をするには，証人2人以上の立会いがあることが必要であるが（民法969条1号），①未成年者，②推定相続人及び受遺者並びにこれらの配偶者及び直系血族，③公証人の配偶者，4親等内の親族，書記及び使用人は，遺言の証人又は立会人となることができないとされている（民法974条）。推定相続人が遺言の証人又は立会人となることができないのは，遺言について利害関係を有し，遺言者に影響を与えるおそれがあるからである。

ウ **誤り。**遺言は，2人以上の者が同一の証書ですることができないとされている（民法975条）。2人以上の者が同一の証書でした遺言は，無効である。これは，遺言が，本来，各自が独立に自由にすべきものであり，共同遺言ではこの趣旨が達せられないこと，及び遺言の訂正・撤回・取消し・効力をめぐって紛議を生じ，法律関係の安定を害するおそれがあるからである。

エ **誤り。**遺言者は，遺言で，1人又は数人の遺言執行者を指定し，又はその指定を第三者に委託することができるとされている（民法1006条1項）。

オ **正しい。**前の遺言が後の遺言と抵触するときは，その抵触する部分については，後の遺言で前の遺言を撤回したものとみなされる（民法1023条1項）。これは，遺言が遺言者の最終の意思を尊重してその効力を認めようとする制度であるから，遺言者が時を異にして相抵触する2つの遺言をした場合には，死亡に近い後の遺言を優先させることが，遺言の性質上当然だからである。

以上により，正しものはイ及びオであるので，正解は4となる。

不動産の表示に関する登記

第4問 正解▶ **3**

ア　正しい。登記官は，表示に関する登記について申請があった場合及び職権で登記をしようとする場合において，必要があると認めるときは，当該不動産の表示に関する事項を調査することができるとされているが（法29条1項），地目や床面積等の物理的な事項のみならず，表題部の所有者に関する事項についても調査をすることができる。

イ　誤り。登記官は，登記の申請があった場合において，申請人となるべき者以外の者が申請していると疑うに足りる相当な理由があると認めるときは，申請人又はその代表者若しくは代理人に対し，出頭を求め，質問をし，又は文書の提示その他必要な情報の提供を求める方法により，当該申請人の申請の権限の有無を調査しなければならないとされているが，当該申請を却下すべき場合は，この調査を行うことを要しない（法24条1項）。

ウ　正しい。登記官の実地調査は，日出から日没までの間に限り行うことができるとされている（法29条2項）。憲法13条は，「すべての国民は，個人として尊重される。生命，自由及び幸福追求に対する国民の権利については，公共の福祉に反しない限り，立法その他の国政の上で，最大の尊重を必要とする。」と規定する。したがって，この規定の趣旨にかんがみ，実地調査権の行使における時間的制限として「日出から日没までの間に限り」と規定されている。

エ　誤り。登記官は，必要があると認める場合は，登記所の職員に細部の指示を与えて実地調査を行わせて差し支えないとされている（準則64条）。

オ　正しい。登記官が実地調査を行う場合には，不動産を検査し，又は不動産の所有者その他の関係者に対し，文書若しくは電磁的記録に記録された事項を書面に出力したもの又は当該事項を出力装置の映像面に表示したものの提示を求め，若しくは質問をすることができるとされている（法29条2項前段，規則94条1項）

以上により，誤っているものはイ及びエであるので，正解は3となる。

第5問 正解▶ **5**

ア　誤り。登記官は，換地計画において従前の1個の土地に照応して1個の換地が定められた場合において，換地処分による土地の登記をするときは，従前の土地の登記記録の表題部に，換地の所在する市，区，郡，町，村及び字並びに当該換地の地番，地目及び地積並びに従前の土地の表題部の登記事項を抹消する記号を記録しなければならないとされている（土地区画整理登記規則6条1項）。したがって，換地について新たに登記記録は作成されない。

イ　誤り。登記官は，建物を新築する場合の不動産工事の先取特権の保存の登記をした場合にお

いて，建物の建築が完了したことによる表題登記をするときは，当該先取特権の保存の登記を
した登記記録の表題部に表題登記をし，法86条2項1号に掲げる登記事項（新築する建物並
びに当該建物の種類，構造及び床面積は設計書による旨）を抹消する記号を記録しなければな
らないとされている（規則162条1項）。したがって，当該建物について新たに登記記録は作
成されない。

ウ　**正しい。**登記官は，甲土地の一部を分筆して，これを乙土地に合筆する場合において，分筆
の登記及び合筆の登記をするときは，乙土地の登記記録の表題部に，合筆後の土地の表題部の
登記事項，何番の土地の一部を合併した旨及び従前の土地の表題部の登記事項の変更部分を抹
消する記号を記録しなければならないとされている（規則108条1項）。したがって，甲土地
から分筆し，乙土地に合筆した土地の登記記録は作成されない。

エ　**誤り。**建物を解体移転した場合は，既存の建物が滅失し，新たな建物が建築されたものとし
て取り扱うものとされているので（準則85条1項），表題登記がある甲建物を隣接する他の土
地上に解体移転した場合には，解体移転後の建物については，「令和何年何月何日新築」を登
記原因とする表題登記を申請することになり（法47条），当該建物の登記記録の表題部には解
体及び移転した旨は記録されない。

オ　**正しい。**登記官は，区分合併以外の原因により区分建物である建物が区分建物でない建物と
なったことによる表題部の登記事項に関する変更の登記をするときは，当該変更の登記に係る
建物について新たに登記記録を作成し，変更前の建物の登記記録を閉鎖しなければならないと
されている（規則140条1項，3項，4項）。

　　以上により，正しいものはウ及びオであるので，正解は5となる。

第6問　正解▶2

出題テーマ	地図

ア　**正しい。**地図を作成するための測量は，測量法第2章の規定による基本測量の成果である三
角点及び電子基準点，国土調査法19条2項の規定により認証され，若しくは同条5項の規定
により指定された基準点又はこれらと同等以上の精度を有する基準点を基礎として行うものと
されている（規則10条3項）。

イ　**誤り。**基本三角点等については，その位置が記録事項とされており（規則13条1項7号），
その名称及び座標値は記録事項とはされていない。なお，基本測量の測量成果や公共測量の測
量成果を使用して測量を実施しようとする者は，あらかじめ国土地理院の長又は測量成果を得
た測量計画機関の承認を得なければならず（測量法30条1項，44条1項），基本測量の測量成
果が地殻変動等により現況に適合しなくなった場合には，その修正を行うこととされている
（測量法31条）。

ウ　**正しい。**地籍調査以外の事業によって作成された地図及び簿冊については，国土調査法19
条5項の規定に基づいて事業所管大臣又は国土交通大臣に認証の申請を行うことができ，事業
所管大臣又は国土交通大臣は，申請された地図及び簿冊について審査し，その結果，地籍調査
の成果と同等以上の精度と正確さを有している場合は，この成果が地籍調査の成果と同一の効

果があるものとして指定することとされているが，この指定を，一般的に「国土調査法19条5項の指定」又は「国土調査の成果の認証に準ずる指定」と呼んでいる。ところで，民間事業者等の事業において作成された測量成果（土地家屋調査士が依頼されて作成した測量成果を含む。）であって，国土調査法19条5項の指定を受け，同法20条1項の規定により登記所へ送付されるもの（実測図）については，不適当とする特別の事情がある場合を除き，これを地図として登記所に備え付けることができるとされている（平成26・3・12民二195号通知）。

エ　**誤り。**電磁的記録に記録され，かつ，閉鎖された地図等（地図，建物所在図又は地図に準ずる図面）の内容を証明した書面の交付を請求することができる。この場合は，「これは閉鎖された地図（建物所在図又は地図に準ずる図面）に記録されている内容を証明した書面である。」との認証文を付すものとされている（準則136条1項9号）。

オ　**誤り。**地図又は地図に準ずる図面に表示された土地の区画に誤りがあることによる地図訂正等申出の際に添付された地積測量図に記録された地積が登記記録上の地積と異なる場合には，地図訂正等申出は，地積に関する更正の登記の申請と併せてしなければならないとされているが（規則16条2項），当該地積の差が，規則77条5項で準用する10条4項の規定による地積測量図の誤差の限度であるときは，当該申出は，地積に関する更正の登記の申請と併せてすることを要しないとされている（平成17・2・25民二457号通達第1・十一・(2)・イ・(ウ)）。以上により，正しいものはア及びウであるので，正解は2となる。

第7問　**正解▶ 3**

出題テーマ	土地の表題登記

ア　**正しい。**公有水面埋立法に基づく埋立工事が完了した土地の表題登記を申請する場合には，表題部所有者となる者の所有権を証する情報として，公有水面埋立法22条の規定による竣功認可書を提供することができる（令別表4項添付情報欄ハ，準則71条1項）。

イ　**誤り。**表示に関する登記の登記原因は，当該登記をする原因となった事実を記録し，権利に関する登記の登記原因は，当該登記をする原因となった法律行為（売買等）又は事件（相続等）を記録することとされているので，国有地の売払いを受けた者が，当該土地の表題登記を申請する場合において，当該土地が，いつ，いかなる事由で生じたのか不明のときは，登記原因を「不詳」として申請することになる（平成28・6・8民二386号通達002参照）。

ウ　**誤り。**土地の表題登記の申請人は，新たに生じた土地又は表題登記がない土地の所有権を取得した者とされているので（法36条），本肢の場合は，Bから表題登記を申請することになり，Aから申請することを認める必要はない。なお，例えば，Aが当該土地に抵当権を設定した上でBに売却した場合において，当該抵当権の登記を実現するのであれば，Aを登記名義人とする所有権の登記がされることが前提となるので，更にその前提となる表題登記の申請もAからすることができると解されている。

エ　**正しい。**土地区画整理事業を施行する者は，土地区画整理登記令の定めるところにより登記を申請する場合において，必要があるときは，不動産の表題登記を所有者に代わって申請することができるとされている（土地区画整理登記令2条1号）。例えば，土地区画整理事業の施

行地区内で表題登記がない土地が発見された場合や新たに公有水面の埋立てが行われ，その埋立地が施行地区に属することが確定した場合には，表題登記がない土地については，換地処分による土地の登記ができないので（第5問ア参照），施行者は，所有者に代わって，表題登記を申請することができることとされている。

オ　正しい。国又は地方公共団体が所有する土地について，官庁又は公署が土地の表題登記を嘱託する場合には，所有権を証する情報の提供を便宜省略して差し支えないものとされている（準則71条2項）。

以上により，誤っているものはイ及びウであるので，正解は3となる。

第8問　正解▶ 1

出題テーマ	地目

ア　正しい。幼稚園も学校教育法に規定する学校であるが，学校の校舎，附属施設の敷地及び運動場は，すべて「学校用地」として取り扱うものとされている（準則68条4号，「地目認定（改訂版）」82頁）。

イ　誤り。高圧線の下の土地で他の目的に使用することができない区域は，「雑種地」とするが（準則69条13号），高圧線の下にある建物の敷地である土地の地目は「宅地」とする（準則68条3号）。

ウ　正しい。水力発電のための水路又は排水路は，「雑種地」とする（準則69条5号）。

エ　誤り。牧畜のために使用する建物の敷地，牧草栽培地及び林地等で牧場地域内にあるものは，すべて「牧場」とする（準則69条4号）。なお，農耕地域の牧草栽培地は「畑」とする（同条1号，「地目認定（改訂版）」122頁）。

オ　誤り。人の遺体又は遺骨を埋葬する土地は「墓地」とする（準則68条12号）。

以上により，正しいものはア及びウであるので，正解は1となる。

第9問　正解▶ 4

出題テーマ	土地の分筆の登記

ア　誤り。抵当権の設定の登記がされた土地について分筆の登記がされた場合であっても，「分筆錯誤」を登記原因として分筆の登記の抹消を申請することができる（昭和38・12・28民甲3374号通達，平成28・6・8民二386号通達81参照）

イ　正しい。甲土地から乙土地を分筆する分筆の登記をする場合において，所有権の登記以外の権利に関する登記に係る権利の消滅を承諾することができるのは，乙土地について又は分筆後の甲土地についてのいずれかであって，両方の土地について消滅を承諾することはできない（法40条，規則102条2項，3項）。

ウ　誤り。被相続人名義の土地の分筆の登記は，遺産分割により当該土地を取得した相続人から申請することができる（「登記研究229号」71頁参照）。分筆の登記をするかどうかは，所有者

の意思に委ねられるべきものであるから，遺産分割により当該土地を取得しなかった相続人は申請人となるべきではない。当該土地の所有者ではないからである。

エ　誤り。国又は地方公共団体と私人とが共有する所有権の登記がある土地の分筆の登記は，登録免許税を徴収すべきであるとされている（昭和44・10・3民三938号回答）。

オ　正しい。甲土地から乙土地を分筆する分筆の登記をする場合において，甲土地の登記記録に筆界特定がされた旨の記録があるときは，これを乙土地の登記記録に転写するものとされている（平成17・12・6民二2760号通達第11・163）。

以上により，正しいものはイ及びオであるので，正解は4となる。

第10問　正解▶ 1

出題テーマ	建物図面及び各階平面図

ア　誤り。電子申請において送信する土地所在図，地積測量図，建物図面又は各階平面図と書面申請において電磁的記録に記録して提出するこれらの図面については，申請人及び作成者の氏名又は名称を記録しなければならないとされている（規則73条2項）。また，書面である土地所在図，地積測量図，建物図面又は各階平面図については，申請人が記名するとともに，その作成者が署名し，又は記名押印しなければならないとされている（規則74条2項）。いずれの場合も申請人及び作成者の住所を記録しなければならないとはされていない。

イ　正しい。建物が地下のみの建物である場合における建物図面は，地下1階の形状を朱書きするものとされている（準則52条1項）。また，附属建物が地下のみの建物である場合の建物図面の作成方法は，地下1階の形状を朱書きすべきであると解されている（「登記研究416号」130頁）。

ウ　誤り。各階平面図の訂正の申出は，各階平面図を添付情報とする表題部の登記事項に関する更正の登記をすることができる場合は，することができないとされている（規則88条1項）。したがって，本肢の場合は，床面積を正しく計算した各階平面図を添付情報とする床面積の更正の登記を申請するべきである（法53条，令別表14項・添付情報欄ロ・(1)）。

エ　正しい。附属建物の滅失による表題部の変更の登記を申請する場合には，建物図面及び各階平面図の提供を省略して差し支えないものとされている（昭和37・10・1民甲2802号通達）。

オ　正しい。各階平面図に1階以外の階層を表示するときは，1階の位置を点線をもって表示するものとされている（準則53条1項）。

以上により，誤っているものはア及びウであるので，正解は1となる。

第11問　正解▶ 4

出題テーマ	建物の認定

ア　誤り。アーケード付き街路（公衆用道路上に屋根覆いを施した部分）であっても道路であることには変わりはなく，単に人が通行（通過）する空間であるから人貨滞留性を欠く。した

がって，建物として登記をすることはできない（準則77条2号エ）。

イ　誤り。寺院の山門の上部が宝物庫（鎌倉時代初期の仏教説話集（宝物集）を保管する部屋）や倉庫として利用されている場合には，用途性が認められることから，単なる門として取り扱うことなく，建物として取り扱われる（「建物認定（4訂版）」113頁）。

ウ　正しい。周壁の耐久性は，その材質により個別的に判断されるべきものであるが，ビニールコーティングがされた布や塩化ビニール・コーティングがされた特殊シートは材質に耐久性が認められ，それらを屋根及び周壁に用いた建造物は建物として認定するものとされている（「建物認定（4訂版）」73頁，74頁）。

エ　正しい。本肢の展望台は，「高床式平家建」と表示して登記をすることができるとされている（「建物認定（4訂版）」304頁）。

オ　誤り。内部に車を格納する回転式のパーキング機械が設置された立体式の駐車場は，建物全体を1階層として，「平家建」として登記をすることができるとされている（「建物認定（4訂版）」307頁）。

以上により，正しいものはウ及びエであるので，正解は4となる。

第12問　正解▶ 4

出題テーマ	建物の床面積

ア　誤り。建物の一部が上階まで吹抜になっている場合には，その吹抜の部分は，上階の床面積には算入しないものとされている（準則82条7号）。したがって，本肢の場合は，2階から最上階までの吹抜の部分を床面積に算入しないことになる。

イ　正しい。鉄筋コンクリート造の壁構造の場合で，各階の壁の厚さが異なるときの床面積は，各階ごとに壁の中心線で囲まれた部分の水平投影面積によるものとされている（昭和46・4・16民三238号通知3・(3)・③）。

ウ　誤り。区分建物に本来の壁面より柱状に凹凸している部分がある場合でも，本来の壁面（壁の内側線）で囲まれた部分の水平投影面積により床面積を定めることとされている（昭和39・10・23民三232号回答，「建物認定（4訂版）」374頁）。

エ　誤り。ビル内の地下に，一方又は二方を壁とし，三方又は二方を鉄のシャッターで仕切り，営業中はシャッターをあげ，閉店後はおろす数個の店舗部分については，それぞれ区分所有権の目的となるものとされている（昭和42・9・25民甲2454号回答，「建物認定（4訂版）」375頁，376頁）。したがって，当該各店舗部分は，それぞれ区分建物としてその床面積が登記されることになる。

オ　正しい。機械室，冷却装置室及び屋上に出入りするための階段室が設置されている塔屋については，天井の高さが1.5メートル以上であっても人貨滞留性に欠け，階数及び床面積には算入しないが，当該塔屋の一部が，管理事務室及び倉庫として使用されている場合には，当該塔屋全体を建物の階数及び床面積に算入することとされている（昭和37・12・15民甲3600号通達，「建物認定（4訂版）」365頁，366頁）。

以上により，正しいものはイ及びオであるので，正解は4となる。

出題テーマ	建物の表題登記

ア　誤り。区分建物の表題登記を申請する場合には，その所有権を原始的に取得した者（原始取得者）を表題部所有者として申請しなければならない（法47条1項）。また，当該原始取得者に相続その他の一般承継があったときは，相続人その他の一般承継人は，被承継人を表題部所有者とする表題登記を申請することはできるが（同条2項），自己を表題部所有者として申請することはできない。したがって，本肢の場合は，表題部所有者を株式会社A及び株式会社Bとする甲建物の表題登記を申請しなければならない。

イ　正しい。登記記録の表題部に不動産の所在を表示する場合には，大字をもって地番区域を定めた場合でも字の記録を省略することはできないとされているので（昭和41・1・11民甲229号回答），申請情報の内容とするときも省略してはならない。なお，表題登記を申請する建物について登記記録は作成されていないはずであるから，問題文中「当該建物の登記記録の所在に」は，「当該建物の所在する土地の登記記録の所在欄に」と記述されるべきであった。

ウ　誤り。区分建物でない建物の登記記録の表題部には，建物の名称欄がないので，建物の名称は，所在欄に所在の次に記録することとされている（規則4条2項，別表2）。

エ　誤り。区分建物の表題登記の申請は，一棟の建物に属する区分建物の全部につき一の申請情報で申請しなければならない。ただし，一棟の建物に属する区分建物の全部についてその申請がされれば，各別の申請情報によっても差し支えないものとされている（昭和58・11・10民三6400号通達第2・一・2）。

オ　正しい。共有である建物の表題登記の申請は，保存行為（民法252条5項）として，共有者の1人からすることができる。

以上により，正しものはイ及びオであるので，正解は4となる。

出題テーマ	建物の表示に関する登記の添付情報

ア　誤り。建物の表題登記の申請においては，申請人が建物の敷地を利用することについて正当な権原があることを証する情報は，添付情報とされていない（令別表12項・添付情報欄参照）。また，他人の土地に無断で建築した建物の表題登記の申請がなされたとき，登記官において，実地調査の結果に基づき，申請事実を確認できる場合は，建物の表題登記をなすべきであるとされている（昭和36・3・25民甲735号回答）。表示に関する登記は，不動産の物理的状況をありのままに公示することによって不動産を特定できるようにする制度であるから，実際に建物が建築された以上，表題登記によってその事実を公示するべきである。仮に，土地所有者からの建物収去土地明渡請求により建物が取り壊された場合は，当該建物の滅失の登記によってその事実が公示されることになる。

イ　正しい。建物の表題登記の申請の際に提出する建築請負人の証明書（工事完了引渡証明書）に添付する印鑑証明書は，作成後3月以内のものであることを要しないとされている（「登記

研究420号」122頁)。

ウ　正しい。申請人が会社法人等番号を有する法人である場合は，当該法人の会社法人等番号を提供しなければならないとされているが（令7条1項1号イ），登記官は，会社法人等番号の提供があったときは，当該法人の登記記録で申請行為をしている者が支配人の権限を有しているか否かを調査することができる（平成27・10・23民二512号通達2・(1)・ア・(イ)）。したがって，支配人（代理人）の権限を証する情報を提供することを要しないとされている（令7条1項2号，規則36条3項）。

エ　正しい。建物の表題登記を申請する場合において提供する表題部所有者となる者の住所を証する情報を記載した書面については，期間制限の規定がなく，作成後3月以内のものであることを要しない。

オ　誤り。合体による登記等を申請する場合には，合体前の建物の表題部所有者又は所有権の登記名義人であった者についても住所を証する情報を提供しなければならない（令別表13項・添付情報欄ニ）。住所は変わることもあり，新たに表題部所有者や所有権の登記名義人となる度に提供すべきものだからである。

以上により，誤っているものはア及びオであるから，正解は2となる。

第15問　正解▶ 3

出題テーマ	建物の分割の登記

ア　誤り。本肢の場合は，2棟の附属建物のうち，一方を主である建物とし，他方をその附属建物とする分割の登記を申請することができる（平成28・6・8民二386号通達115参照）。

イ　正しい。係争物に関する仮処分命令は，その現状の変更により，債権者が権利を実行することができなくなるおそれがあるとき，又は権利を実行するのに著しい困難を生ずるおそれがあるときに発することができるとされており（民事保全法23条1項），不動産に関する権利についての登記（仮登記を除く。）を請求する権利（登記請求権）を保全するための処分禁止の仮処分の執行は，処分禁止の登記をする方法により行うものとされている（民事保全法53条1項）。また，処分禁止の仮処分の登記は，裁判所書記官の嘱託によるが，附属建物のみを目的として嘱託することはできない。そこで，当該仮処分命令を得た債権者は，当該仮処分命令の正本を代位原因を証する情報として提供して，当該建物の所有権の登記名義人に代位して，当該建物の分割の登記を申請することができる（昭和27・9・19民甲308号回答）。

ウ　正しい。建物の分割の登記を申請する場合において提供する建物図面及び各階平面図には，分割後の各建物を表示し，これに符号を付さなければならないとされている（規則84条）。なお，この分割後の各建物の符号は，①②③，(イ)(ロ)(ハ)，ＡＢＣ等適宜の符号を用いて差し支えないとされている（準則54条1項）。

エ　誤り。附属建物の符号（数字）は，既に使用した数字は再度使用しないものとされているので（昭和37・6・11民甲1559号通達），符号2の附属建物を分割したときは，符号3の附属建物の符号は，符号2に変更されない。

オ　誤り。甲建物からその附属建物を分割して乙建物とする建物の分割の登記をする場合には，

甲建物の登記記録の表題部の原因及びその日付欄に「何番の何に分割」のように記録し（準則96条1項），乙建物の登記記録の表題部の原因及びその日付欄に「何番から分割」のように記録することとされているので（同条2項），本肢の場合は，「5番の2に分割」と記録される。以上により，正しいものはイ及びウであるので，正解は3となる。

第16問　正解▶ 5

出題テーマ	合体による登記等

ア　**誤り。**いずれも表題登記がない建物同士が合体して1個の建物となった場合には，直接合体後の状態で表題登記を申請することとされている（法49条2項）。合体前の各建物の表題登記は，申請することを要しない。

イ　**誤り。**甲建物の附属建物と乙建物とが合体した場合には，甲建物からその附属建物を分割する登記をしなければ，合体による登記をすることができない（平成5年度全国首席登記官会同における質疑応答第六・十一・49）。合体による登記等は，独立した建物同士が合体した場合における手続であるが，登記上も独立していることが必要だからである。

ウ　**正しい。**被相続人名義の建物の合体による登記等は，相続人のうちの1人から申請することができるとされている（平成5年度全国首席登記官会同における質疑応答第六・一・1）。

エ　**誤り。**表題登記がある2個の建物が増築より接続して区分建物が生じた場合には，当該2個の建物について，それぞれ区分建物に変更したことによる表題部の変更の登記を申請することになる（法51条）。なお，「合体」とは，「数個の建物が，増築等の工事により構造上1個の建物となることをいう。」と定義されている（平成5・7・30民三5320号通達第6・一）。すなわち，増築して接続させるだけでは足りず，さらに隔壁の除去等も行い，構造的に見て1個の建物となることをいうので，合体後の建物における合体前の各建物であった部分には構造上の独立性がなく，区分建物とはならないのが通常であるので，問題文の前半と後半とで論理的に整合しないことになる。したがって，問題文中「増築により合体し」は，「増築により接続し」と記述し，「合体後」は，「接続後」と記述し，「当該合体後の建物」は，「当該接続後の建物」と記述されるべきであったろう。

オ　**正しい。**不動産登記法に合体による登記等の規定が新設された後に行われた平成5年度全国首席登記官会同における質疑応答第六・一・2において，「合体前の建物の所有権登記名義人の住所等に変更がある場合には，合体による登記等の申請の前提として，その登記名義人の住所の変更の登記をする必要があるか。」との質疑に対し，「合体前の建物に係る所有権登記名義人の住所の変更の登記は必要ない。この場合には，当該登記名義人の住所証明情報等の変更証明情報を提供すれば足りる。」との回答が行われているので，本肢は，この回答を根拠に出題されたものと推測する。ところで，所有権の登記がある土地の合筆の登記や所有権の登記がある建物の合併の登記においては，合筆後の土地又は合併後の建物の登記記録の甲区に合併による所有権の登記をすること等を理由として，合筆前の土地又は合併前の建物の所有権の登記名義人の住所が住所移転により変更しているときは，前提として，当該所有権の登記名義人の住所の変更の登記をすべきであると解されており（「登記研究364号」79頁，「登記研究423号」

127頁），本試験においても住所の変更を証する情報を提供して申請することができないという問題が出題されている（平成22年度第5問エ，平成28年度第14問イ）。所有権の登記がある建物の合体による登記等においても合体後の建物の登記記録の甲区に合体による所有権の登記をすることとされているので（規則120条2項），今後，本肢と上記の見解や過去の出題との整合性を問題視する受験生が出ることが予想される。また，合体前の建物の所有権の登記名義人の住所の変更の登記を省略し，その変更を証する情報を提供して申請することを認めた場合には，①書面申請における本人確認書類である印鑑証明書に記載された住所（現住所）と登記記録上の住所（旧住所）とが不一致となること（所有移転登記の申請であれば受理されない。），②登記識別情報を提供することができない場合における事前通知を登記記録上の住所以外の住所に宛てて行うことになること，③合体後の建物の登記記録の甲区に記録されることとなる住所（旧住所）とは異なる住所を有する者に対して登記識別情報を通知することになるなど，合筆の登記及び合併の登記と同じ問題が生ずることになる。30年前，まだ，法令の運用が開始されて間もない頃に行われた質疑応答での回答は，合体による登記等の法的性質が報告的登記であって申請義務を課していることから，申請人の負担の軽減という観点から出されたものと推察するが，現在でもこのような取扱いがされているのか疑問が残る。法務省内部の申合せ事項である質疑応答の回答は，実務上の問題点を踏まえて修正が行われても何ら問題はなく，今後，本肢とは整合しない問題が出題される可能性があることを補足しておきたい。

以上により，正しいものはウ及びオであるので，正解は5となる。

第17問　正解▶ 2

出題テーマ	共用部分である旨の登記又は団地共用部分である旨の登記

ア　**誤り。**共用部分である旨の登記は，共用部分であることから生ずる法律効果（区分法11条3項，15条等）を第三者に対抗するための登記であるから（区分法4条2項），申請義務を定めた規定が置かれていない。

イ　**正しい。**登記官は，共用部分である旨の登記をするときは，所有権の登記がない建物にあっては表題部所有者に関する登記事項を抹消する記号を記録し，所有権の登記がある建物にあっては権利に関する登記の抹消をしなければならないとされている（規則141条）。これは，規約により共用部分となったことにより民法177条の適用がない建物となったことを明らかにするためである（区分法11条3項）。

ウ　**正しい。**共用部分である旨の登記がある建物の表題部の変更の登記の申請は，当該建物の所有者から申請することとされている（法51条1項）。また，通常，共用部分は，区分所有者全員の共有に属するが（区分法11条1項本文），規約で特定の区分所有者又は管理者を共用部分の所有者と定めることができるとされており（同条2項），このような制度を管理所有という。すなわち，管理所有とは，共用部分の所有権を実質的に管理所有者に移転するのではなく，その者に管理を委ねることを目的として，その管理の便宜上，対外的な関係において管理所有者の所有とするものであり，実質的潜在的な所有権は，なお本来の共有者に残るという所有形態をいう。

エ　正しい。団地共用部分である旨の登記がある建物にあっては，表題部所有者又は所有権の登記名義人の記録は抹消されているので（規則141条），当該建物の区分の登記は，所有者から申請することとされている（法54条2項）。そこで，登記官において申請人が申請適格を有する所有者であることを確認するために，当該建物の所有者を証する情報を提供することとされている（令別表16項・添付情報欄ロ）。

オ　誤り。団地共用部分である旨の登記を申請する場合において，団地共用部分を共用すべき者の所有する建物が区分建物でないときは，当該建物の所在する市，区，郡，町，村，字及び土地の地番並びに当該建物の家屋番号を申請情報の内容とすることとされているが（令別表19項・申請情報欄イ），当該建物の不動産番号を申請情報の内容としたときは，これらの事項を申請情報の内容とすることを要しないとされている（令6条2項4号）。

以上により，誤っているものはア及びオであるので，正解は2となる。

第18問　正解▶ 5

出題テーマ	筆界特定の手続

ア　誤り。筆界調査委員が宅地又は垣，さく等で囲まれた他人の占有する土地に立ち入ろうとする場合には，立入りの際，あらかじめ，その旨を当該土地の占有者に告げなければならないとされているが（法137条3項），占有者がいない土地については，本肢のような規定は置かれていない。なお，法務局又は地方法務局の長は，筆界調査委員等を他人の土地に立ち入らせようとするときは，あらかじめ，その旨並びにその日時及び場所を当該土地の占有者に通知しなければならないとされているが（法137条2項），このときの通知の相手方を「占有者」のみとしているのは，測量または実地調査のための立入りによって影響を受けるのは占有者だからである。このため，当該占有者が立入りについて既に同意をしている場合には，更に立入りのための通知を要しないものと解されている。また，ここでいう占有者とは，当該土地を直接占有している者であって，例えば，空き地等であって占有者が不明であるような場合は，この通知は不要であるとされている（平成17・12・6民二2760号通達第5・100ただし書，「登記研究696号」197頁，「新基本法コンメンタール 不動産登記法」（日本評論社刊）372頁）。

イ　誤り。筆界調査委員は，意見聴取等の期日の後，対象土地の筆界のために必要な事実の調査を終了したときは，遅滞なく，筆界特定登記官に対し，対象土地の筆界特定についての意見を提出しなければならないとされている（法142条）。

ウ　誤り。対象土地の地積については，法143条2項の図面（筆界特定図面）の記録事項とはされていない（規則231条4項参照）。この図面は，筆界特定の内容を表示するためのものであり，対象土地の地積を表示するためのものではないからである。

エ　正しい。筆界調査委員は，対象土地又は関係土地その他の土地の測量又は実地調査をすること，筆界特定の申請人若しくは関係人又はその他の者からその知っている事実を聴取し又は資料の提出を求めることその他対象土地の筆界特定のために必要な事実の調査をすることができるとされている（法135条1項）。

オ　正しい。筆界特定の手続における測量に要する費用その他の法務省令で定める費用（筆界特

定登記官が相当と認める者に命じて行わせた測量，鑑定その他専門的な知見を要する行為について，その者に支給すべき報酬及び費用の額として筆界特定登記官が相当と認めたもの）を「手続費用」というが，手続費用は筆界特定の申請人の負担とされている（法146条１項，規則242条）。

以上により，正しいものはエ及びオであるので，正解は５となる。

第19問　正解▶ **3**

出題テーマ	法定相続情報証明制度

ア　誤り。法定相続情報一覧図（以下「一覧図」という。）の保管及び一覧図の写しの交付の申出を代理人によってする場合は，当該代理人は，申出人の法定代理人又はその委任による代理人にあってはその親族又は戸籍法10条の２第３項に掲げる者に限るとされている（法247条２項２号）。これは，不正な内容の申出をできるだけ防ぐためである。戸籍法10条の２第３項に掲げる者とは，具体的には，弁護士，司法書士，土地家屋調査士，税理士，社会保険労務士，弁理士，海事代理士及び行政書士である（各士業法の規定を根拠に設立される法人を含み，弁護士にあっては，弁護士法人のほか，弁護士・外国法事務弁護士共同法人を含む。）。また，委任による代理人の場合，代理人の権限を証する書面は，委任状に加え，戸籍法10条の２第３項に掲げられる者については，資格者代理人団体所定の身分証明書の写し等（代理人が各士業法の規定を根拠に設立される法人の場合は，当該法人の登記事項証明書）を添付するものとされている（規則247条３項７号，平成29・4・17民二292号通達（一部改正）第2・5・(5)）。

イ　正しい。一覧図の保管及び一覧図の写しの交付の申出は，被相続人の本籍地若しくは最後の住所地，申出人の住所地又は被相続人を表題部所有者若しくは所有権の登記名義人とする不動産の所在地を管轄する登記所の登記官に対してすることができる（規則247条１項）。

ウ　誤り。相続人の住所は，一覧図の任意的記載事項とされており（規則247条１項参照），記載したときは，申出書には，その住所を証する書面を添付しなければならないとされている（同条４項）

エ　誤り。一覧図の保管及び一覧図の写しの交付の申出は，不動産の表題部所有者又は登記名義人以外の者について相続が開始した場合でもすることができるとされている（規則247条１項）。つまり，被相続人が不動産の表題部所有者又は登記名義人であることを要しない。

オ　正しい。一覧図の写しの再交付の申出は，当該一覧図の保管及び一覧図の写しの交付の申出をした申出人のみがすることができる（規則247条７項参照）。

以上により，正しいものはイ及びオであるので，正解は３となる。

土地家屋調査士法に関する事項

第20問 　正解▶ **1**

出題テーマ	土地家屋調査士又は土地家屋調査士法人

ア　**正しい。** 調査士が死亡したときは，その相続人は，遅滞なく，当該調査士が所属し，又は所属していた調査士会を経由して，調査士会連合会にその旨を届け出なければならないとされている（法15条2項）。調査士会連合会において，当該調査士の登録を取り消さなければならないからである（同条1項2号）。

イ　**誤り。** 調査士が引き続き2年以上業務を行わないときは，調査士会連合会は，その登録を取り消すことができるとされている（法16条1項1号）。いわゆる裁量的取消事由とされているのであって，絶対的取消事由とされているのではない。

ウ　**誤り。** 定款に定めるほか，総社員の同意によっても，社員のうち特に調査士法人を代表すべきものを定めることができるとされている（法35条の2第1項）。

エ　**正しい。** 法務大臣は，調査士又は調査士法人に対して懲戒処分をしたときは，遅滞なく，その旨を官報をもって公告しなければならないとされている（法46条）。

オ　**誤り。** 法務大臣は，調査士法人に対して，2年以内の業務の全部又は一部の停止の処分をすることができるとされている（法43条1項2号）。

　以上により，正しいものはア及びエであるので，正解は1となる。

記述式問題解説

出題の趣旨

　　本問は，借地権の目的となっている乙土地の一部を借地人に売買し，また同土地の別個の一部と甲土地を隣接所有者に売買し，甲土地の地目が変更されたことに起因する，乙土地の分筆の登記の申請書に添付する地積測量図の作成及び甲土地の地目変更の登記と合筆の登記を一の申請情報で申請するときの申請書の作成に関する問題である。

　　穴埋め問題は，地積測量図の成果から筆界点を判断するものと登記官の職権による分筆又は合筆の登記を問うものである。

解答へのアプローチ

1　土地の分筆又は合筆の登記の申請

　　土地の分筆の登記とは，登記記録上，1筆の土地を2筆以上の土地とする登記手続をいう。一方，土地の合筆の登記とは，登記記録上，2筆以上の土地を1筆の土地とする登記手続をいう。いずれも，その登記手続を行うことによって，登記上の土地の個数に変動が生じることとなる。つまり，土地の合筆の登記と分筆の登記は，その登記手続が完了してはじめて個数変動という効力が生ずるものとされ，このような意味あいから，登記上の不動産の個数変動が生ずる登記は，創設的登記又は形成的登記と呼ばれている。

　　本問では，河野桂子は，乙土地（1番2の土地）のうち，A点，B点，H点，I点及びA点の各点を順次結んだ範囲の部分の土地（西側部分の土地）を，借地人である花山光司に売買し，また，甲土地（1番1の土地）と，乙土地のうち，B点，C点，G点，H点及びB点の各点を順次結んだ範囲の部分の土地（斜線部分の土地）を，隣接所有者である株式会社桜ストアに売買しているため，乙土地の分筆の登記を申請しなければならない。加えて，河野桂子は，株式会社桜ストアとの間で，売買する土地は1筆の土地としたうえで，所有権移転の登記をすることを約定しているため，甲土地と斜線部分の土地の合筆の登記を申請しなければならない。

2　一の申請情報による地目の変更の登記と合筆の登記の申請

　　地目が相互に異なる土地の合筆の登記は申請することができない（法41条2号）。斜線部分の土地は，乙土地の分筆の登記をすることによって，不動産登記上1個の土地として公示されることとなるが，斜線部分の土地の地目は，宅地である。一方で，甲土地の地目は，雑種地であるが，令和5年9月20日に，宅地へ変更されている。これは，株式会社桜ストアは，新店舗の新築工事と併せて，ブロック塀の撤去と新設工事を行い，甲土地は，同日より，新店舗の駐車場及び展示販売場としての利用が開始されているが，甲土地は，新店舗との一体利用が不可欠であり，新店舗の敷地（3番1の土地）との間に，ブロック塀等の土地を区画する工作物が存しないことから，宅地と認定することができるからである（「地目認定（改訂版）」63，65，66頁）。

　　したがって，甲土地と斜線部分の土地の合筆の登記を申請する前提として，甲土地の地目を

宅地へ変更する地目の変更の登記を申請しておく必要がある。同一の土地についてする地目の変更の登記と合筆の登記は，一の申請情報で申請することができ（規則35条7号），問4では「必要な土地の表示に関する登記が複数ある場合は，一の申請情報により申請するものとする。」と指示されているため，地目の変更の登記と合筆の登記を一の申請情報で申請することとなる。

3　地積測量図の意義と筆界点の判断

　　地積測量図とは，一筆の土地の地積に関する測量の結果を明らかにする図面であって，法務省令で定めるところにより作成されるものをいう（令2条3号）。

　　一般的に現地で筆界点を判断する場合には，地積測量図が登記所に備え付けられている場合には，当該地積測量図に記録されている筆界点間の距離と照合することによって行うことになる。

(1)　イ地点

　　・地積測量図上の距離（乙土地の東側の距離）

　　　　$11.64 + 11.01 = 22.65$

　　・C点〜F点の距離

　　　　$X_C - X_F = 702.79 - 680.14 = 22.65$

　　・C点〜G点の距離

　　　　$X_C - X_G = 702.79 - 680.64 = 22.15$

　　　C点〜F点の距離が地積測量図上の距離と一致するので，イ地点の筆界点は，F点と判断される。

(2)　ロ地点

　　・地積測量図上の距離（乙土地の西側の距離）

　　　　$10.33 + 10.66 = 20.99$

　　・A点〜I点の距離

　　　　$X_A - X_I = 701.48 - 680.64 = 20.84$

　　・A点〜J点の距離

　　　　$X_A - X_J = 701.48 - 680.49 = 20.99$

　　　A点〜J点の距離が地積測量図上の距離と一致するので，ロ地点の筆界点は，J点と判断される。

4 登記官の職権による分筆又は合筆の登記

登記官は，不動産登記法第14条第1項の地図を作成するため必要があると認めるときは，土地の表題部所有者又は所有権の登記名義人の異議がないときに限り，職権で，分筆又は合筆の登記をすることができる（法39条3項）。

5 各点の座標値

(1) H点

H点は，直線GI上にあるところ，

$$X_G = X_I = 680.64$$

よって，$X_H = 680.64$

また，直線BHは，直線CGに平行で1.00ｍ西へ移動した線であるところ，

$$Y_C = Y_G = 703.62$$

よって，$Y_H = 703.62 - 1.00 = 702.62$

(2) B点

直線ACの傾き

$$\left(\frac{703.62 - 692.76}{702.79 - 701.48}\right) = 8.2900\cdots$$

ⅰ）直線ACの方程式

$$Y = 8.2900\cdots（X - 701.48) + 692.76$$

$$Y_B = Y_H = 702.62$$

上記のⅰ）式に，$Y = 702.62$ を代入すると

$$X_B = 702.6693\cdots$$

$$\fallingdotseq 702.67$$

6 求積

乙土地の各部分の実測面積を座標法により計算すると，下記のとおりとなる。なお，解答に当たっては，斜線部分の土地のみ求積すれば足りるが，参考のため，全部分の求積を掲げている。また，適宜(イ)，(ロ)，(ハ)の符号を付している。

(イ)　1番2

筆界	X	Y	$X_{n+1} - X_{n-1}$	$Y (X_{n+1} - X_{n-1})$
A	701.48	692.76	22.03	15261.5028
B	702.67	702.62	− 20.84	− 14642.6008
H	680.64	702.62	− 22.03	− 15478.7186
I	680.64	692.76	20.84	14437.1184
			倍　面　積	422.6982
			面　　　積	211.3491

(ロ)　1番4

筆界	X	Y	$X_{n+1} - X_{n-1}$	$Y (X_{n+1} - X_{n-1})$
B	702.67	702.62	22.15	15563.0330
C	702.79	703.62	− 22.03	− 15500.7486
G	680.64	703.62	− 22.15	− 15585.1830
H	680.64	702.62	22.03	15478.7186
			倍　面　積	44.1800
			面　　　積	22.0900

(ハ)　1番5

筆界	X	Y	$X_{n+1} - X_{n-1}$	$Y (X_{n+1} - X_{n-1})$
I	680.64	692.76	0.15	103.9140
H	680.64	702.62	0.00	0.0000
G	680.64	703.62	− 0.50	− 351.8100
F	680.14	703.62	− 0.15	− 105.5430
J	680.49	692.76	0.50	346.3800
			倍　面　積	7.0590
			面　　　積	3.5295

問1　地積測量図の意義と筆界点の判断

　　[解答へのアプローチ]の3を参照のこと。

問2　B点及びH点の座標値

　　[解答へのアプローチ]の5を参照のこと。

問3　乙土地の地積測量図の作成

　　土地の分筆の登記を申請する場合において提供する分筆後の土地の地積測量図は，分筆前の1筆ごとに作成しなければならない（規則75条1項・2項）。

　　地積測量図には，①地番区域の名称，②方位，③縮尺，④地番（隣接地の地番を含む），⑤地積及びその求積方法，⑥筆界点間の距離，⑦国土調査法施行令2条1項1号に規定する平面直角座標系の番号又は記号，⑧基本三角点等に基づく測量の成果による筆界点の座標値，⑨境界標（筆界点にある永続性のある石杭又は金属標その他これに類する標識をいう）があるときは，当該境界標の表示，⑩測量の年月日を記録しなければならない（規則77条1項各号）。ただし，近傍に基本三角点等が存しない場合その他の基本三角点等に基づく測量ができない特別の事情がある場合には，上記⑦国土調査法施行令2条1項1号に規定する平面直角座標系の番号又は記号及び⑧基本三角点等に基づく測量の成果による筆界点の座標値に代えて，近傍の恒久的地物に基づく測量の成果による筆界点の座標値を記録しなければならない（規則77条2項）。

　　また，基本三角点等に基づき測量した場合には，当該基本三角点に符号を付した上，地積測量図の適宜の箇所にその符号，基本三角点等の名称及びその座標値も記録するものとされている（準則50条1項）。

　　そのほか，分筆後の各土地を明らかにするため，これに符号（(イ)(ロ)(ハ)等の適宜のもの）を付さなければならない（規則78条，準則51条1項）。

　　本問の場合は，問題の指示により，各筆界点の座標値の表示，地積及びその求積方法，平面直角座標系の番号又は記号，測量の年月日は記載することを要しない。また，基準点については，A市基準点T1及びT2の点名と位置を記載するのみで足りる。

　　なお，(注)7を字義どおり解釈すれば，分筆の登記の申請においては，西側部分とそれ以外の部分とに分筆する登記（2筆に分筆する登記）をすることになるが，仮に，このように2筆に分筆した場合には，問4において，地目の変更の登記と分合筆の登記を一の申請情報で申請しなければならないこととなるが，このような組み合わせの登記が，規則35条7号を根拠として申請することができるかについては，登記実務では，確定した見解があるわけではなく，また，少なくとも，分筆の登記を申請する時点（令和5年8月10日）では，斜線部分の土地を株式会社桜ストアに売買することについては，決定されているのであるから（当該売買契約は，令和5年4月1日に締結されている），乙土地を分筆する際には，西側部分の土地（花山光司に売買する土地），斜線部分の土地（株式会社桜ストアに売買する土地），それ以外の土地の3区画に分筆するのが相当であると解さ

れる。

問4　登記申請書の作成

⑴　登記の目的（令3条5号）

「土地地目変更・合筆登記」と記載する。　解答へのアプローチ　の2を参照のこと。甲土地の地目の変更に伴い，地積の表示に1㎡未満の端数を付すこととなるが，実質的に地積が変更するわけではないので，「土地地目変更・地積変更・合筆登記」と記載してはならない。

⑵　添付書類（規則34条1項6号）

①　登記識別情報（法22条，令8条1項1号）

所有権の登記がある土地の合筆の登記を申請する場合には，登記識別情報を提供しなければならない。この場合の登記識別情報は，合筆に係る土地のうちいずれか一筆についてのものを提供すれば足りる（令8条2項1号）。

②　印鑑証明書（令18条2項）

委任による代理人が，書面申請する場合においては，後記③の代理権限証書は，申請人が記名押印しなければならず，この記名押印した者の印鑑証明書を添付しなければならない。この印鑑証明書は，作成後3月以内のものでなければならない（令18条3項）。規則49条2項では，印鑑証明書の添付を要しない場合が規定されているが，所有権の登記名義人が合筆の登記を申請する場合は，印鑑証明書の添付を要しない場合に該当しない（規則49条2項4号，48条5号，47条3号イ(6)）。

③　代理権限証書（令7条1項2号）

土地家屋調査士法務新太が登記申請の代理権限を授与されたことを証する委任状を提供する。

⑶　申請人（令3条1号）

地目の変更の登記は，当該土地の表題部所有者又は所有権の登記名義人が申請しなければならない（法37条1項）。また，土地の合筆の登記の申請は，表題部所有者又は所有権の登記名義人以外の者がすることはできない（法39条1項）。本件土地の所有権の登記名義人である河野桂子の氏名及び住所を記載する。

⑷　登録免許税

登録免許税を納付する登記申請にあっては，登録免許税額を申請情報の内容としなければならない（規則189条1項）。所有権の登記がある土地の合筆の登記を申請するときは，合筆後の土地1個につき1,000円の登録免許税を納付しなければならない。合筆後の土地は1個になるので，「金1,000円」と記載する（登録免許税法別表第一，一，（十三）ロ）。

⑸　土地の表示

土地の地目の変更，合筆前の土地の表示を令3条7号により記載し，地目の変更後，合筆後の土地の表示を，令別表5項・申請情報欄及び同9項・申請情報欄イにより記載する。

地目変更前の甲土地（1番1の土地）の表示，地目変更後の甲土地の表示，合筆前の斜線部分の土地（1番4の土地）の表示，合筆後の土地の表示の順序で記載する。

地目変更後の甲土地の表示においては，地目が雑種地から，宅地に変更するのに連動し

て，地積の表示を1㎡の100分の1まで記載することになるが（規則100条），この端数は，登記所備え付けの地積測量図の成果から読み取って，「335.50㎡」と記載する。筆界点の座標値により座標法で計算すると，端数にずれが生じること，(注)9では，「…小数点以下の端数が生じる場合には，提出済みの地積測量図に記載された端数を援用すること。」とされていることに注意されたい。

　　合筆後の土地の地番は，合筆前の首位の地番によることとされているので（準則67条1項6号），合筆後の地番を，「1番1」とする。合筆後の土地の地目に変更は生じないが，重ねて記載するのが相当である（昭和40・3・30民三357号通達・一の(7)）。

　　合筆後の地積は，335.50965 + 22.0900 = 357.59965㎡であるから，「357.59㎡」と記載する。

(6)　**登記原因及びその日付**（令3条6号）

　　地目変更の登記原因の日付は，甲土地を新店舗の敷地と一体としての利用を開始した日である令和5年9月20日となる。よって地目変更後の表示の該当欄に，地目と地積の番号（②③）を冠記して，「②③令和5年9月20日地目変更」と記載する（準則73条，平成28・6・8民二386号通達・記録例番号8）。

　　合筆する乙土地の表示の該当欄には，「1番1に合筆」と，合筆後の地の表示の該当欄には，地積の番号（③）を冠記して，「③1番4を合筆」と記載する（準則75条1項，2項，平成28・6・8民二386号通達・記録例番号32）。

問5　登記官の職権による分筆又は合筆の登記
　　解答へのアプローチ の4を参照のこと。

●第21問　解答例（その1）

第1欄

ア	一　筆	イ	測　量
ウ	F点	エ	J点

第2欄

	X座標（m）	Y座標（m）
B点	702.67	702.62
H点	680.64	702.62

第4欄

登　記　申　請　書

登記の目的	土地地目変更・合筆登記
添付書類	登記識別情報　　印鑑証明書 代理権限証書

令和5年10月16日　申請　A地方法務局

申　請　人	A市B町二丁目2番地1　　河野桂子
代　理　人	（略）
登録免許税	金1,000円

所 在	A市B町二丁目			
	① 地 番	② 地 目	③ 地 積　　㎡	登記原因及びその日付
土地の表示	1番1	雑種地	335	
		宅 地	335 : 50	②③令和5年9月20日 地目変更
	1番4	宅 地	22 : 09	1番1に合筆
	1番1	宅 地	357 : 59	③1番4を合筆

第5欄

①	表題部所有者	②	所有権
③	異　議	④	職　権

●第21問　解答例②

第3欄

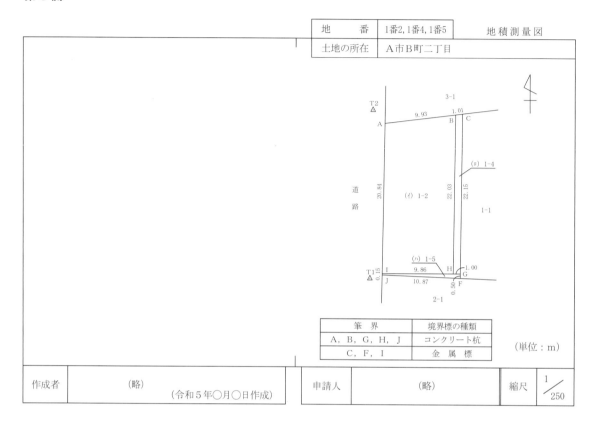

| 地　　番 | 1番2,1番4,1番5 | 地積測量図 |
| 土地の所在 | A市B町二丁目 | |

境界標の種類

筆　界	境界標の種類
A，B，G，H，J	コンクリート杭
C，F，I	金　属　標

（単位：m）

| 作成者 | （略）
（令和5年○月○日作成） | | 申請人 | （略） | 縮尺 | 1/250 |

出題の趣旨

　本問は，同一の一棟の建物に属する 2 個の区分建物のうち，1 個について増築をして，当該 2 個の区分建物を 1 個の非区分建物とするためにする区分建物の表題部の変更の登記と区分建物の区分合併の登記を一の申請情報で申請する場合の申請書及び添付図面の作成に関する問題である。また，区分建物の増築と区分建物の独立性の消長，区分建物の表題登記を申請する場合に添付情報として提供すべき規約を設定したことを証する情報の理解を問うものである。

解答へのアプローチ

1　区分建物の増築と区分建物の独立性の消長

　1 個の区分建物について増築工事を施工したとしても，他の区分建物との障壁を除去するなどして構造上及び利用上の独立性を喪失しない限り，その独立性（区分建物としての独立性）には何ら消長を来たさない。本問のように，従来障壁で区画されていた箇所に行き来が自由な木製扉を設置したとしても，同様である。木製扉は障壁に固定されて設置されるから，障壁があるものと考えて差し支えないからである（昭和 41・12・7 民甲 3317 号回答）。

　仮に，他の区分建物との障壁を除去するなどして構造上及び利用上の独立性が喪失した場合には，区分建物が合体したものとして，法 49 条 1 項の規定により，合体による登記等（合体後の建物の表題登記及び合体前の建物の表題部の登記の抹消）を申請しなければならない。

2　建物の合併の登記の形態と合併の登記の制限

　建物の合併の登記は，表題登記がある建物を登記記録上他の表題登記がある建物の附属建物とする登記又は表題登記がある区分建物を登記記録上これと接続する他の区分建物である表題登記がある建物若しくは附属建物に合併して一個の建物とする登記をいう（法 54 条 1 項 3 号）。前者を「附属合併」といい（規則 132 条 1 項），後者を「区分合併」という（同条 2 項）。

　附属合併の登記は，合併前の一方の建物を，他方の建物の附属建物とする以上，効用上一体として利用されるものではないとき，すなわち，主である建物と附属建物の関係にないときは，することができない（準則 86 条 1 号）。

　区分合併の登記は，主である建物と附属建物の関係にあることは必要ないが，区分された建物同士で互いに接続している必要がある（同条 2 号）。

　その他，附属合併の登記及び区分合併の登記に共通する合併制限事由として，所有権の登記名義人が相互に異なる建物であること（法 56 条 3 号）や，所有権等（所有権，地上権，永小作権，地役権及び採石権をいう。法 50 条）の登記以外の権利に関する登記がある建物であること（法 56 条 5 号）などがあるが，本問では，区分建物同士が接続しており，いずれも所有権の登記名義人は甲田栄一であって，所有権等以外の権利に関する登記がないため，区分合併の登記を申請することができる。

3　一の申請情報による区分建物の表題部の変更の登記と区分建物の区分合併の登記の申請

　同一の区分建物についてする表題部の変更の登記と区分合併の登記は，一の申請情報で申請

することができる（規則35条7号）。

　本問では，3番9の1の区分建物について，2階部分を増築したことによる表題部の変更の登記と，3番9の1と3番9の2の区分合併の登記を申請することとなるが，これらの登記は，規則35条7号を根拠として，一の申請情報で申請することができる。問2では，「登記の申請は，一の申請情報によって申請し…」とされているので，一の申請情報で申請することとなる。

4　区分建物の表題登記の申請と分離処分可能規約の設定

　区分建物の表題登記を申請する場合には，建物図面（令別表12項・添付情報欄イ），各階平面図（同欄ロ），所有権を証する情報（同欄ハ），住所を証する情報（同欄ニ）のほか，代理人から申請する場合には，代理権限を証する情報（令7条1項2号）を提供しなければならない。

　そして，区分建物が属する一棟の建物の敷地（建物の区分所有等に関する法律（以下「区分所有法」という。）第2条第5項に規定する建物の敷地をいう。以下同じ。）について登記された所有権，地上権又は賃借権の登記名義人が当該区分建物の所有者であり，かつ，区分所有法第22条第1項ただし書（同条第3項において準用する場合を含む。以下同じ。）の規約における別段の定めがあることその他の事由により当該所有権，地上権又は賃借権が当該区分建物の敷地権とならないときは，当該事由を証する情報も提供しなければならない（令別表12項・添付情報欄ホ）。

　本問では，建物の敷地（3番9の土地）が，甲田栄一の単独所有名義となっていることから，区分建物を新築した当時，分離処分可能規約を設定しなければ，専有部分と敷地利用権との分離処分が禁止され，区分建物の登記記録には，敷地権の登記がされていると考えることができる。しかし，実際には，区分建物の登記記録には，敷地権の登記がされていないことから，区分建物を新築した当時，分離処分可能規約を設定したと解することができる。したがって，区分建物の表題登記を申請した際には，その規約を設定したことを証する情報を添付情報として，提供したものと推認することができる。

5　屋根裏部屋の取扱い

　増築した屋根裏部屋（用途は物置）は，天井の高さが1.5ｍ未満であるため，建物の階数及び床面積には算入しない（準則81条4項，82条1号）。

答案作成のポイント

問1　登記手続の説明

　　　解答へのアプローチ　の1及び2を参照のこと。

問2　登記申請書の作成

(1)　**登記の目的**（令3条5号）

　　「区分建物表題部変更・区分合併登記」と記載する（法51条1項，法54条1項3号）。

　「区分建物表題部変更・合併登記」と記載しても差し支えないであろう。　解答へのアプロー

　チ　の3を参照のこと。

(2)　**添付書類**（規則34条1項6号）

　①　建物図面（令別表14項・添付情報欄ロ(1)，令別表16項・添付情報欄イ）

　②　各階平面図（令別表14項・添付情報欄ロ(1)，令別表16項・添付情報欄イ）

　　　増築及び区分合併後の建物についての建物図面及び各階平面図を提供する。

　③　所有権証明書（令別表14項・添付情報欄ロ(2)）

　　　増築部分に係る所有権証明書を提供する。

　④　登記識別情報（法22条，令8条1項3号）

　　　所有権の登記がある建物の合併の登記を申請する場合には，登記識別情報を提供しな

　　ければならない。この場合の登記識別情報は，合併に係る建物のうちいずれか一個につ

　　いてのものを提供すれば足りる（令8条2項3号）。

　⑤　印鑑証明書（令18条2項）

　　　委任による代理人が，書面申請する場合においては，後記⑥の代理権限証書は，申請

　　人が記名押印しなければならず，この記名押印した者の印鑑証明書を添付しなければな

　　らない。この印鑑証明書は，作成後3月以内のものでなければならない（令18条3項）。

　　規則49条2項では，印鑑証明書の添付を要しない場合が規定されているが，所有権の

　　登記名義人が建物の合併の登記を申請する場合は，印鑑証明書の添付を要しない場合に

　　該当しない（規則49条2項4号，48条5号，47条3号イ(6)）。

　⑥　代理権限証書（令7条1項2号）

　　　土地家屋調査士法務太郎が登記申請の代理権限を授与されたことを証する委任状を提

　　供する。

(3)　**申請人**（令3条1号）

　　本件建物の所有権の登記名義人である甲田栄一の氏名及び住所を記載する（法51条1

　項，法54条1項3号）。

(4)　**登録免許税**

　　登録免許税を納付する登記申請にあっては，登録免許税額を申請情報の内容としなけれ

　ばならない（規則189条1項）。所有権の登記がある建物の合併の登記を申請するときは，

　合併後の建物1個につき1,000円の登録免許税を納付しなければならない。合併後の建物

　は1個になるので，「金1,000円」と記載する（登録免許税法別表第一，一，（十三）ロ）。

(5) 建物の表示

変更前・変更後の建物の表示，合併前・合併後の建物の表示を解答例のように記載する（令3条8号，令別表14項・申請情報欄イ，令別表16項・申請情報欄イ）。変更前の建物の表示は，登記記録上の建物の表示と一致していることを要する（法25条6号）。

・一棟の建物の表示

所在欄には，一棟の建物の所在を記載する。構造及び床面積については，2段に分けて，上段に構造変更・増築前の表示を記載し，下段に構造変更・増築後の表示を記載する。主な構成材料は軽量鉄骨造で，階数も2階建のままで変更はないが，屋根が陸屋根からスレートぶきに変更となるから，変更後の構造を「軽量鉄骨造スレートぶき2階建」と記載する。

・区分した建物の表示

区分した建物の表示欄には，1行目に変更・合併前の3番9の1の建物の表示を，2行目に，変更・合併後の建物の表示を，3行目に合併前の3番9の2の建物の表示をそれぞれ記載する。合併後の建物は，区分建物の登記記録から非区分建物の登記記録に移記されることになるため，何ら変更のない種類についても，2行目に重ねて記載するのが相当である。床面積は，非区分建物としてのそれを記載すれば足りる。

(6) 登記原因及びその日付（令3条6号）

変更・合併後の建物の表示を表示した行の原因及びその日付欄に，変更に係る床面積の番号（③）を冠記して「③令和5年10月6日増築」と記載した後，「3番9の1，3番9の2を合併」と記載する。

合併前の3番9の2の建物を表示した行の原因及びその日付欄には，「3番9の1と合併」と記載する。

敷地権に関する申請情報はないので，問題の指示どおり，敷地権の目的である土地の表示欄及び敷地権の表示欄の原因及びその日付欄に，「記載不要」と記載する。

問3 建物図面及び各階平面図の作成

(1) 建物図面

縮尺500分の1で作成する。方位，敷地の地番及びその形状，隣接地の地番並びに主である建物又は附属建物の別，附属建物の符号を記録するほか，建物の位置を明確にするために敷地の境界からの距離を記録することを要するが，この距離は建物の外壁からのもので差し支えない（規則82条，準則52条参照）。

(2) 各階平面図

縮尺250分の1で作成する。各階平面図には，各階の別，各階の平面の形状，一階の位置，各階ごとの建物の周囲の長さ，床面積及びその求積方法並びに主である建物又は附属建物の別及び附属建物の符号を記録しなければならない（規則83条，準則53条参照）。

区分合併後の建物（非区分建物）について作成するため，建物の周囲の長さは，柱又は壁の中心線からの距離によらなければならず，壁の内側線からの距離としてはならない。

問 4　規約を設定したことを証する情報の提供

　　　解答へのアプローチ の 4 を参照のこと。

●第22問　解答例①

第1欄

ア	合　併	イ	構造上，利用上の独立性
ウ	合　体	エ	権　利
オ	接　続		

第2欄

登　記　申　請　書

登記の目的	区分建物表題部変更・区分合併登記
添付書類	建物図面　　各階平面図　　登記識別情報 印鑑証明書　　所有権証明書　　代理権限証書

令和5年10月12日　申請　A地方法務局

申　請　人	A市B町一丁目3番地9　　甲田栄一
代　理　人	（略）
登録免許税	金1,000円

一棟の建物の表示	所　在	A市B町一丁目3番地9			
	建物の名称				
	①構　造	②　床　面　積 ㎡		㎡	原因及びその日付
	軽量鉄骨造陸屋根2階建	1階 83:62 2階 73:99			
	軽量鉄骨造スレートぶき2階建	1階 83:62 2階 88:57			①②令和5年10月6日 構造変更，増築

土地の表示	敷地権の目的である	①土地の符号	②所在及び地番	③地目	④地　積　㎡	原因及びその日付
						記載不要

		家屋番号	建物の名称	主たる建物又は附属建物	①種類	②構　造	③床面積　㎡		原因及びその日付
区分した建物の表示		B町一丁目3番9の1			居　宅	軽量鉄骨造2階建	1階部分　4	61	3番9の2と合併
							2階部分 70	21	
		所在　（省略） （省略）			居　宅	軽量鉄骨造スレートぶき2階建	1階 83 2階 88	62 57	③令和5年10月6日増築，3番9の1，3番9の2を合併
		B町一丁目3番9の2			居　宅	軽量鉄骨造1階建	1階部分 74	72	3番9の1と合併

敷地権の表示	①土地の符号	②敷地権の種類	③敷地権の割合	原因及びその日付
				記載不要

第4欄

①	規約を設定したことを証する情報又は規約を証する情報	②	敷地権
③	敷地利用権	④	分　離
⑤	処　分		

第3欄

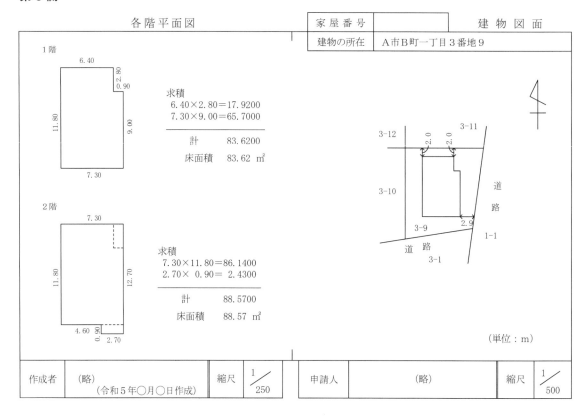

令和5年度　土地家屋調査士試験

午後の部　# 出題傾向と分析

● 択一式問題　　東京法経学院専任講師　内堀　博夫
● 記述式問題　　東京法経学院専任講師　山井　由典

択一式問題
第1問～第20問

① 本年度の出題傾向

　本年度の択一式問題は受験生の虚を衝く（不正確な知識や盲点に付け込む）肢が多く，底の浅い知識ではその一つ一つの正誤を判断することは難しい。しかし，組合せ形式の出題であるため，答練A判定の受験生は消去法で得点できる問題が多かったであろう。第21問は，一筆の土地内の3区画のうち，既に2区画が売却されているのであるから3筆に分筆するのは当然であり，何ら支障がないのに2回に分けて分筆する調査士はいない。また，添付図面付きの登記申請の方が添付図面不要の登記申請よりも報酬額が高くなるが，前者が1件ですむところ，あえて2件に分けて申請し，依頼者に対し報酬を請求することは，依頼者に対する誠実さと調査士としての品位を欠く行為であり，調査士法2条（職責）に違反することになるし，依頼者としても不当な請求を受けたとして懲戒請求（法44条）をしたくなるであろう。申請人（国民）の負担軽減は不動産登記行政における重要なテーマとされている。ただし，問題文の（注）7については南側の筆界線の位置が出題内容となっていたために，3筆に分筆することを明示することができず，あのような表現になってしまったと推察する。我々講師も「受験生レベルだと問題文をどのように受け止めることになるのか。」という点に注意し，3人以上のチェック体制で答練等の問題を作成しているが，秘匿性が高い本試験では，あらかじめ受験生レベルの者に解答してもらいチェックをすることができず，残念に思う。（注）7の「乙土地」は「本件借地」（聴取記録の概要の4）と表現すべきであった。その点については採点上の配慮がされることを祈りたい。

　本学院の受講生の学力から推定する択一式問題の合格者の平均得点は17.5問，記述式問題と合わせた合格ボーダーラインは73点と予想する。したがって，記述式問題の正解率が7.6割（38.0点），7.1割（35.5点）又は6.6割（33.0点）であれば，それぞれに対応する択一式問題の正解率が7割（35点），7.5割（37.5点）又は8割（40.0点）であれば合格圏に入ると予想する。ただし，記述式の配点が公開されないため，自己採点で合格圏に入っても学習は継続してほしい。

　今年度のように記述式問題の読解に時間がかかる場合は，択一式問題の解答時間が合否を左右することが多い。例えば，受験生Aと受験生Bの択一式問題の得点が同じであったとしても，解答に要した時間が，Aが40分でBが60分であれば，その20分の差が記述式問題の解答において大きなハンデとなる。40分で解答を終えるということは，ほぼ一つ一つの肢の正誤が判断でき，テンポよく正解番号が見つかるということであるから，脳の疲労が小さいうえに，「よし！時間は十分残っている。」と意気軒昂として記述式問題に入ることができるが，解答に60分を要したということは，一つ一つの肢の正誤が判断できず，消去法を使いなんとか正解番号を見つけることができたということであるから，脳の疲労が大きいうえに，「残り時間が足りない。ダメかも」と意気消沈して記述式問題に入ることになる。

　受験生Aのように解答するために必要となるのが六法の活用と答練への参加である。穴埋め

問題などを見ても法務省が法体系（system of law）を理解したうえで六法を活用できる者を合格者にしたいことは明らかであり，本学院の指導方針とも合致する。士（サムライ）業にとっては六法が必携の真剣であり，他の教材は稽古用の木刀にすぎない。木刀による素振り稽古（過去問の繰返し）だけでは真剣（六法）を使いこなす受験生に勝つことはできない。本試験は受験生の虚を衝く真剣勝負であるが，虚を衝く問題であっても，その正解の根拠が調査士六法に載っているからである。また，答練に参加しても過去問の焼直しのような問題では効果が期待できない，いくつもある答練は，その内容をよく確認したうえで参加されるとよい。なお，近年は，不合格者が本学院の実戦答練で学び直して合格するというケースが増えており，いわば駆込み寺のような役割を果たしている。来年度も捲土重来を期する受験生がいれば，実戦答練の解説講義を通じて合格へと導きたい。

② 本年度の出題の分析（来年度受験者へのアドバイス）

　第1問のアは意思能力を有しない者がした法律行為についての問題であるが，その場合における原状回復義務（民法121条の2第3項）についても理解しておかれたい。第2問のウは「占有補助者（占有機関ともいう。）」についての理解が必要であったが，占有補助者は占有訴権の主体になれないことも理解しておかれたい。第3問については正誤の理由（立法趣旨）についても理解しておかれたい。第5問のアは換地処分による土地の登記のうち，一筆型換地の手続についての問題であるが，合併型換地と分割型換地のほか，換地を定めない場合の手続についても理解しておかれたい（土地区画整理登記規則7条，8条，11条）。第5問のイは建物を新築する場合の不動産工事の先取特権の保存の登記についての問題であるが，附属建物を新築する場合における不動産工事の先取特権の保存の登記に関しても理解しておかれたい（法86条3項，87条2項，規則162条3項）。第6問のイは「基本三角点等の名称や座標値が地図の記録事項とされているか。」という問題であるが，基本測量の成果や公共測量の成果の使用に当たっては測量法に規定する承認等が必要になり，安易に公開すべきものではない。第6問のエは閉鎖された地図等の内容を証明した書面の交付請求の可否についての問題であるが，準則136条（登記事項証明書等の認証文）に目を通しておかれたい。第7問のエは土地区画整理事業の施行者の代位申請権についての問題であるが，土地区画整理法82条（分筆登記又は合筆登記の代位）と土地区画整理登記令2条（代位登記）及び3条（代位登記の登記識別情報）を確認しておかれたい。第9問のオは筆界特定がされた旨の記録がある土地について分筆の登記をする場合における手続についての問題であるが，合筆の登記をする場合における手続についても理解しておかれたい（平成17・12・6民二2760号通達第11・163）。第11問のエ及びオは建物の認定というよりも構造（階数）の表示方法が問題となる事例である。第12問のオは塔屋を階数及び床面積に算入するための要件についての問題であるが，階段室や機械室のみの階層には人貨滞留性が認められないので床面積に算入されないが，そのほかに居宅，事務所，店舗等の人貨滞留性がある部分があれば，その階層全体に人貨滞留性が帯びる（階層全体が人の生活空間になる。）ことになり，その全部を床面積に算入することになる。第14問のアは「建物表題登記をする場合には，建物の所有者がその敷地に賃借権等の権原を有していることの証明が必要か。」という問題であるが，表示に関する登記制度は法的な紛争解決のための制度ではなく，不動産の現況をありのままに公示し，その不動産を特定できるようにすることを目的とする制度であることを問題を解答するうえでの基本的考

えとしなければならない。仮に不法占拠者であるとすれば，土地所有者から建物収去土地明渡し請求訴訟が提起されることになるが，当該建物の表題登記がされていれば，その所在等の登記事項を訴状に記載することで当該建物を特定することに役立つことになる。第16問のオは「所有権の登記名義人の住所変更登記を申請することなく合体による登記等を申請することができるか。」という問題であり，過去にも出題されているが，30年前に行われた質疑応答の回答が正解の根拠として出題されたと推測する。詳しくは解説を読んでほしいが，質疑応答の回答は，いわば法務省内部の申合せ事項であり，何か支障があればいつでも変更できるものである。申請人の負担の軽減につながることはよいことであるが，回答の取扱いには合筆登記又は合併登記の取扱いとの整合性，印鑑証明書記載の住所との不一致の問題，事前通知の宛先の問題，登記識別情報の通知における問題があり，この取扱いに与することは難しい。30年経った現在もこのような取扱いを登記官は認めているのだろうか。第17問のオは不動産番号を申請情報の内容とすることによって省略できる申請情報についての問題であるが，覚えるべき規定は，令6条1項1号，2号，2項1号〜4号である。第18問のアは筆界調査委員の土地への立入りの際の通知の要否についての問題であるが，日頃から問題を解答した際に，正誤を確認するだけではなく，六法を使いその根拠法令を全文読んでおくことが大切である。そうすれば，このような問題文には違和感を覚え誤りと判断することができる。第19問のアは法定相続情報一覧図に関する申出をする場合における委任による代理人の権限を証する情報についての問題であるが，調査士六法に掲載された先例（平成29・4・17民二292号通達）をよく読んでおかれたい。

3 実戦答練・模試への参加の勧め

　択一式も記述式も過去問だけでは不正確かつ断片的な知識しか得られないことは受験生の常識である。本年度も不正確な知識と盲点に気付く機会とするために，本試験の3カ月以上前に実施した実戦答練（後半）と公開模試では，過去問の焼直しではなく練り上げた問題を出題したが（その後の答練と模試は本試験レベルに戻して出題している。），謙虚に知識の修正と見落しの発見をしていれば今回の得点も変わったはずである。過去問の焼直しの問題は出題する側も楽だし受験生も気分がよいが，不正確かつ断片的な知識のままで得られるものは油断と驕りである。本学院のモットーは「答練模試で笑い，本試験で泣け。」ではなく，「答練模試で泣いて，本試験で笑え。」である。

記述式問題
第21問・第22問

1 令和5年度記述式問題のポイント

【全体的な印象】

　令和5年度の記述式問題の内訳は，大きく分けて土地1問及び建物1問となっており，出題の形式も，例年と同じで目立った変更はなかった。

　昨年度から，いわゆる「文章問題」に関しては，土地，建物ともに小問で2問出題されることとなり，今年度，それが1問に戻るのか引続き2問分問うのか，個人的にも注目していたが，ふ

たを開けてみれば，それが踏襲される結果となった。その内容は，不動産登記法令の条文を単に虫食いにして出題するものにとどまらず，例えば，土地の問1では，地積測量図の意義と登記所に備え付けられた地積測量図の成果から筆界点を判断させるものや，建物の問1では，2個の区分建物を1個の非区分建物とするための登記手続を他の登記手続の比較において判断させるものなど，条文の知識を直接聞くものから，申請すべき内容の理解を問う方向へのシフトが見られる。もっとも，それらの論点は，過去の問題でも問われているので（地積測量図の成果から筆界点を判断させるものとしては，平成12年度第16問の問1など），「文章問題」の難易度が上昇したとはいえないであろう。

　昨年の出題傾向と分析の中でも触れたが，今年度も，依頼者からの依頼内容（土地であれば【土地家屋調査士の聴取結果の概要】，建物であれば【事実関係】）を，民法や区分所有法の実体法規を踏まえて，適切に，かつ，迅速に判断し，登記手続に反映させるスキルが要求されているといえよう。民法や区分所有法の実体法規との関連でいえば，例えば，売買契約にせよ，単に「令和〇年〇月〇日，AがBに土地の一部を売買した。」との平面的な事実関係だけでなく，どのような特約のもとに売買契約がなされたのか，そして，その特約が付されていることにより，登記手続がどう影響を受けるのか，といった立体的な思考が要求されている。

　今年度の記述式問題の全体的な難易度は，土地の問題が数件申請であって，登記の目的・順序を決定するのに多少の時間を要すること及び区分合併の登記申請書の作成に習熟していない受験生が少なくないことなどを考慮すると，昨年よりも若干難しくなったとの印象を受ける。

【第21問】土地分筆登記，土地地目変更・合筆登記

　土地の出題は，同一の所有者に属する甲土地と乙土地があって，乙土地（宅地）が借地権の目的とされていたところ，その一部と甲土地（雑種地）を隣接所有者が買い受け，乙土地の別個の部分を借地人が買い受けたことによる，乙土地の分筆の登記の申請と，甲土地の地目変更及び甲土地と分筆後の乙土地の合筆の登記の申請に関するものである。地目変更と合筆の登記という表題部の変更又は更正の登記と形成的な登記の一の申請情報による申請は，平成29年度の地積の更正の登記と分筆の登記以来の出題である。

　問1は，地積測量図の意義と筆界点の判断に関する穴埋め問題である。（ア）の語句が基本すぎてかえって正答できない方もいたかもしれない。（ウ）及び（エ）は，2点の座標値から点間距離を求め，地積測量図の成果と照合することにより，容易に判断がつくものと思われる。

　問2は，筆界点の座標値を算出させるものであり，求点の個数は2点（B点とH点）であった。昨年度も解答する座標値の点数こそ2点ではあったものの，その前に他の1点の座標値を算出する必要があったため，実質的には3点であった。また，2点の座標値は交点計算で求めることになるが，H点は，X軸に平行な線とY軸に平行な線との交点であるため，実質的には，計算することなく数値を導くことができる。したがって，座標値算出の負担は著しく軽減された反面，ここでの計算違いは，致命傷となろう。

　問3は，分筆の登記の申請において，添付情報として提供する地積測量図の作成である。なお，（注）7に忠実に従うならば，西側部分とそれ以外の部分とに分筆する登記（2筆に分筆する登記）をすることになろう。しかし，仮に，2筆に分筆した場合，問4では，地目の変更の登記と分合筆の登記を一の申請情報で申請しなければならないこととなって，疑義が出てきてしまうため

— 90 —

（具体的な内容は，本試験の解説を参照していただきたい），西側部分の土地，斜線部分の土地，それ以外の土地の3区画に分筆する登記をするものとして，地積測量図を作成するのが相当である。したがって，新地番は，「1番4」，「1番5」と付すことになる。

問4は，甲土地の地目の変更の登記，甲土地と分筆した斜線部分の土地の合筆の登記の申請書の作成である。地目が相互に異なる土地の合筆の登記は申請することができないから，まず，甲土地の地目を宅地に変更する登記を申請する必要がある。甲土地の地目が宅地へ変更することによって，地積の表示に1㎡未満の端数を付すこととなるが，これは，地目の変更による当然の変動であって，地積に変更があったわけではないから，登記の目的に「地積変更登記」を含めてはならない。

問5は，登記官の職権による分筆又は合筆の登記の手続に関するものである。法39条3項の内容を知っていれば難なく解けるであろう。原則として，分筆又は合筆の登記は，登記官の職権による登記の対象外であるが，法39条3項はその例外に該当する。

【第22問】区分建物表題部変更・区分合併登記

建物の出題は，区分建物表題部変更・区分合併登記に関するものである。表題部の登記事項の変更の登記と形成的登記を一の申請情報で申請するパターンは，平成26年度の建物の表題部の変更の登記と附属合併の登記の申請以来9年ぶりである。

平成30年以降，1年ごとに非区分建物⇒区分建物の順序で出題されており，今年も順当？に，区分建物からの出題であった。

問1は，本件で2個の区分建物を1個の非区分建物とするための登記手続の説明である。区分建物の一部を増築したことや，障壁の間に木製扉を設置しただけでは，区分建物の独立性には何ら消長を来たさないこと，建物が合体した場合との異同，区分合併の形態で申請するときの建物の合併の登記の制限事由などの理解が問われている。

問2は，区分建物表題部変更・区分合併登記の申請書の作成である。原因及びその日付欄の記載の出来で，差がつくのではないかと予想する。

問3は，問2の登記申請書に添付する建物図面及び各階平面図の作成である。昨年と同様，建物図面の距離は，小数点以下第1位までを記載させるものであり，この傾向は，来年度以降も続くと思われる。なお，屋根裏部屋は，天井の高さが1.5m未満のため，階数及び床面積に算入してはならない。

問4は，分離処分可能規約を設定したことを証する情報の提供に関する問題である。同一の論点は，平成27年第22問の問1において文章問題（文章を書かせる問題）として既に問われている。

❷ 合格ラインについて

記述式問題の足切点は，昨年度の34点よりも1〜2点下降し，50点満点中32〜33点程度になると予想する。今年度も，昨年と同様択一では差がつきにくいと予想されるため，記述式だけで8割以上(40点以上）の得点が欲しいところである。

令和5年度　土地家屋調査士試験

午前の部 問題編

試 験 問 題 （午前の部）

注　　意

(1) 別に配布した答案用紙の該当欄に，試験問題裏表紙の記入例に従って，受験地，受験番号及び氏名を必ず記入してください。多肢択一式答案用紙に受験地及び受験番号をマークするに当たっては，数字の位を間違えないようにしてください。

(2) 試験時間は，2時間です。

(3) 試験問題は，多肢択一式問題（第1問から第10問まで）と記述式問題（第11問）から成り，配点は，多肢択一式問題が60点満点，記述式問題が40点満点です。

(4) ① **多肢択一式問題の解答**は，所定の答案用紙の解答欄の正解と思われるものの番号の枠内をマーク記入例に従い，濃く塗りつぶす方法でマークしてください。解答欄へのマークは，各問につき1箇所だけにしてください。二つ以上の箇所にマークがされている欄の解答は，無効とします。解答を訂正する場合には，プラスチック製消しゴムで完全に消してから，マークし直してください。

　　 ② 答案用紙への記入に当たっては，**鉛筆（B又はHB）**を使用してください。該当欄の枠内をマークしていない解答及び**鉛筆を使用**していない解答は，**無効**とします。

(5) **記述式問題の解答**は，所定の答案用紙に記入してください。答案用紙への記入は，**黒インクのペン，万年筆又はボールペン（ただし，インクが消せるものを除きます。）**を使用してください。所定の答案用紙以外の用紙に記入した解答及び**上記ペン，万年筆又はボールペン以外の筆記具（鉛筆等）によって記入した解答**は，その部分を無効とします。なお，**図面を記述式答案用紙に記入するに当たっては，万年筆はペン種（ペン先）が細字（F）以下のもの，ボールペンはボール径（ペン先）が0.5mm以下のものを使用してください。**

　　 また，答案用紙の筆記可能線（答案用紙の外枠の二重線）を越えて筆記をした場合は，当該筆記可能線を越えた部分については，採点されません。

(6) 答案用紙に受験地，受験番号及び氏名を記入しなかった場合は，採点されません（試験時間終了後，これらを記入することは，認められません。）。答案用紙の受験地，受験番号及び氏名の欄以外の箇所に特定の氏名等を記入したものは，無効とします。

⑺ 解答に当たって関数の値が必要な場合には，試験問題の末尾に添付されている平方根，三角関数を記載した関数表を参照することができます。

⑻ 答案用紙は，汚したり，折り曲げたりしないでください。また，書き損じをしても，補充しません。

⑼ 試験問題のホチキスを外したり，試験問題のページを切り取る等の行為は，認められません。

⑽ 受験携行品は，黒インクのペン，万年筆又はボールペン（ただし，インクが消せるものを除きます。），インク（黒色），三角定規（三角定規以外の定規の使用は不可。），製図用コンパス，三角スケール，分度器，鉛筆（B又はHB），プラスチック製消しゴム，電卓（予備を含めて，2台までとします。）及びそろばんに限ります。
　　なお，下記の電卓は，使用することができません。

① プログラム機能があるもの
　　次に示すようなキーのあるものは，プログラム機能等を有していますので，使用することができません。
〈プログラム関連キー〉
| RUN | EXE | PRO | PROG |
COMP | ENTER
P1 | P2 | P3 | P4
PF1 | PF2 | PF3 | PF4

② プリント機能があるもの

③ アルファベットやカナ文字を入力することができるもの

④ 電池式以外のもの

⑾ 試験時間中，不正行為があったときは，その答案は，無効なものとして扱われます。

⑿ 試験問題に関する質問には，一切お答えいたしません。

⒀ 試験問題は，試験時間終了後，持ち帰ることができます。

第1問 座標系に関する次のアからオまでの記述のうち，**誤っているもの**の組合せは，後記1から5までのうち，どれか。

ア 平面直角座標系（平成14年国土交通省告示第9号）は，日本全国を19の座標系に区分している。

イ 平面直角座標系は，ガウス・クリューゲルの等角投影法で表される。

ウ 日本ではITRF94座標系を採用していたが，平成23年の東北地方太平洋沖地震に伴う測量成果改定により，全国的にITRF2008座標系に基づくものとなった。

エ 国際地球基準座標系（ITRF座標系）とは，GNSSやVLBIなどの宇宙測地技術の観測データに基づいた平面直角座標系をいう。

オ 地心直交座標系（平成14年国土交通省告示第185号）とは，回転楕円体の中心を原点とした3次元直交座標系をいう。

1 アイ   2 アオ   3 イエ   4 ウエ   5 ウオ

第2問 次の〔図〕のとおりの地積測量図が備え付けられた土地を測量したところ，次の〔表〕のとおりの結果を得た。〔図〕の辺長及び形状により亡失点Pを復元した場合において，**亡失点Pの座標値として最も近いもの**は，後記1から5までのうち，どれか。

ただし，〔図〕は地積測量図の抜粋であり，E点はA点とD点を結ぶ直線上の点である。

〔図〕

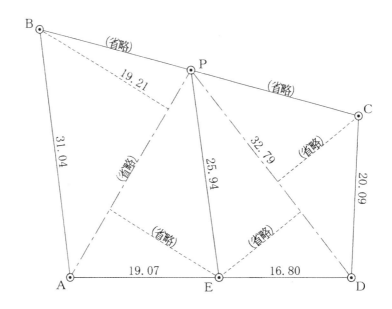

〔表〕

点名	X座標（m）	Y座標（m）
A	51.22	53.46
B	81.22	61.46
C	省略	省略
D	省略	省略
E	省略	省略
P	亡失	亡失

	X座標（m）	Y座標（m）
1	69.21	77.45
2	69.21	77.47
3	69.22	77.49
4	69.23	77.46
5	69.23	77.47

第3問 次の〔図〕のA点，B点，C点，D点及びA点を順次直線で結んだ区画（以下「本件区画」という。）を測量したところ，次の〔表〕のとおりの結果を得た。A点とD点を結ぶ直線上にE点を，B点とC点を結ぶ直線上にF点を設け，E点とF点を結ぶ直線により，本件区画をA点，B点，F点，E点及びA点を順次直線で結んだ区画（以下「（イ）部分」という。）とC点，D点，E点，F点及びC点を順次直線で結んだ区画（以下「（ロ）部分」という。）に分割し，（イ）部分と（ロ）部分の面積の割合が4：5となった。この場合において，E点の座標値を（X = 55.00，Y = 107.89)とするとき，**F点のY座標値として最も近いもの**は，後記1から5までのうち，どれか。

〔図〕

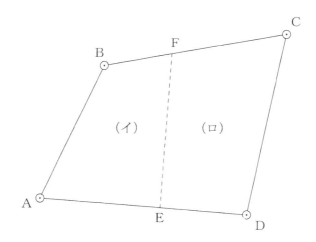

〔表〕

点　名	X座標（m）	Y座標（m）
A	55.00	100.00
B	63.75	103.50
C	66.70	115.30
D	55.00	113.60

1　107.69

2　107.86

3　107.89

4　107.94

5　107.98

第4問 航空機に搭載されたカメラで地上を撮影した空中写真を用いて行う写真測量に関する次のアからオまでの記述のうち，**誤っているもの**の組合せは，後記1から5までのうち，どれか。

ア　高塔や高層ビルなどの高さのある鉛直に立つ地物は，鉛直写真上では鉛直点を中心として放射状に広がるように写る。

イ　空中写真の判読に当たり，写真上の陰影からその地物の形状を知ることができる。

ウ　撮影計画において，撮影コースの始めと終わりの撮影区域外をそれぞれ最低1モデル以上設定する。

エ　デジタル航空カメラは，一般に雲を透過して撮影できる。

オ　起伏のある土地を撮影した写真の地上画素寸法は，同一写真の中であれば，どこでも同じになる。

1　アイ　　　　　2　アオ　　　　　3　イウ　　　　　4　ウエ　　　　　5　エオ

第5問 点Aにおいて，点Bを基準方向として点C方向の水平角を複数回観測し，次の〔観測結果〕のとおりの結果を得た。この場合における**当該水平角の最確値に対する標準偏差の値として最も近いもの**は後記1から5までのうち，どれか。

〔観測結果〕

観測回	水平角の観測値
1	70° 00′ 05″
2	69° 59′ 58″
3	69° 59′ 55″
4	70° 00′ 10″

1　0.98″

2　1.35″

3　3.39″

4　5.65″

5　5.87″

第6問 次の〔図〕のとおり，A点から順次B点，C点，D点，E点及びA点について，閉合多角測量を行い，次の〔観測結果〕のとおりの結果を得た。観測水平角の閉合差を各観測点に均等に配分した場合，**D点からE点への調整後の方向角**として正しいものは後記1から5までのうち，どれか。

ただし，北はX軸の正方向に一致し，A点からB点への調整前の方向角 α は，59° 20′ 40″ とする。

〔図〕

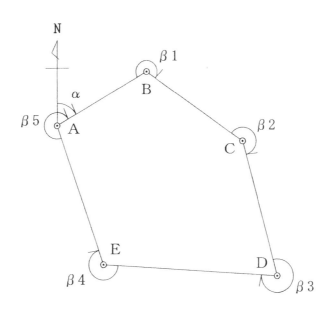

〔観測結果〕

$\beta 1$	246° 01′ 30″
$\beta 2$	219° 38′ 40″
$\beta 3$	288° 32′ 50″
$\beta 4$	247° 33′ 00″
$\beta 5$	258° 13′ 40″

1 273° 33′ 24″
2 273° 33′ 28″
3 273° 33′ 44″
4 273° 33′ 56″
5 273° 33′ 58″

第7問 新点Aの標高を求めるため，新点Aから既知点Bに対して高低角＋3°00′及び斜距離384.00mの観測結果を得た。**新点Aの標高に最も近い値**は，後記1から5までのうち，どれか。

ただし，新点Aの機械高は1.60m，既知点Bの目標高は1.50m，既知点Bの標高は100.00m，両差は0.01mとする。なお，ジオイドの起伏は考慮しないものとし，斜距離は，気象補正，器械定数補正及び反射定数補正が行われているものとする。

1　79.79m
2　79.80m
3　79.81m
4　79.99m
5　80.01m

第8問 既知点A，B，C，D及びEから多角測量により新点Pの座標を求めたところ，次の〔表〕のとおりの結果を得た。**新点PのX座標を簡易水平網平均計算で求めた最確値と最も近くなる路線**は，後記1から5までのうち，どれか。

ただし，水平角の閉合差の補正量については配分済みである。

〔表〕

路線	X座標（m）	距離（m）
A→P	1084.39	270
B→P	1084.43	450
C→P	1084.40	120
D→P	1084.42	360
E→P	1084.36	180

1　A→P
2　B→P
3　C→P
4　D→P
5　E→P

第9問 等高線に関する次のアからオまでの記述のうち，**誤っているもの**の組合せは，後記1から5までのうち，どれか。

ア　等高線の間隔は，地形図の縮尺に応じて定められている。

イ　等高線が急に屈曲しており，その屈曲が標高の低いほうに向かって膨らんでいる箇所は，谷筋を表す。

ウ　同一の等高線は，途中で2本以上に分岐することはない。

エ　傾斜が急な箇所の場合には，等高線の間隔は広くなる。

オ　計曲線とは，等高線のうち，主曲線の5本目ごとに太線で示した線をいう。

1　アウ　　　　　2　アオ　　　　　3　イウ　　　　　4　イエ　　　　　5　エオ

第10問　縮尺が不明である次の〔図〕を判読した結果に関するアからオまでの記述のうち，**適切なもの**の組合せは，後記1から5までのうち，どれか。

　　ただし，〔図〕に記載されている地図記号は電子地形図25000と同様の地図記号であり，神社から博物館までの実際の直線距離は240mとする。

〔図〕

（注）距離の読定は、✛印を基準とする。

ア　電子基準点から水準点までの直線距離は，約462mである。

イ　A地点を含む斜線で囲まれた区画の面積は，約5600㎡である。

ウ　A地点から警察署までの直線距離は，A地点から消防署までの直線距離よりも約60m短い。

エ　A地点の東側にある道路の幅員は，約24mである。

オ　保健所は，A地点から南西方向約290mの位置にある。

1　アウ　　　　　　2　アオ　　　　　　3　イウ　　　　　　4　イエ　　　　　　5　エオ

第11問　次の〔観測結果〕及び〔測量成果〕は，次の〔見取図〕に示されているA，B，F，G及びAの各点を順次直線で結んだ範囲の土地（以下「本件土地1」という。）並びにB，C，D，E，F及びBの各点を順次直線で結んだ範囲の土地（以下「本件土地2」という。）を測量した結果及び成果である。この結果及び成果に基づき，別紙第11問答案用紙を用いて，次の問1から問6までに答えなさい。

　　　ただし，本件土地1の面積は，300.26㎡であるとする。なお，座標値，各点間の距離及び辺長は，計算結果の小数点以下第3位を四捨五入し，面積は，計算結果の小数点以下第3位を切り捨てるものとする。

問1　観測結果からC点の座標値を求めなさい。

問2　T1点からT2点を零方向としてG点を測設するために必要な水平角及び水平距離を求めなさい。なお，解答に記載する水平角は30秒以上を繰り上げ，分単位まで記載すること。

問3　辺ACと辺EGの交点をHとするとき，このH点の座標値を求めなさい。

問4　B点及びF点の座標値を求めなさい。

問5　本件土地2の面積を座標法により求めなさい。

問6　本件土地1及び本件土地2について，縮尺250分の1の図面を正確に作成しなさい。なお，図面には縮尺，方位，点名及び辺長を記入すること。

〔観測結果〕

器械点	視準点	水平角	水平距離（m）
T 2	T 1	0° 00′ 00″	—
	C	321° 42′ 50″	6.92

〔測量成果〕

北は，X軸の正方向に一致する。

点名	X座標（m）	Y座標（m）
T 1	114.46	59.69
T 2	115.59	88.30
A	111.09	56.53
B	省略	省略
C	省略	省略
D	108.96	85.16
E	89.82	85.01
F	省略	省略
G	90.32	56.53

〔見取図〕

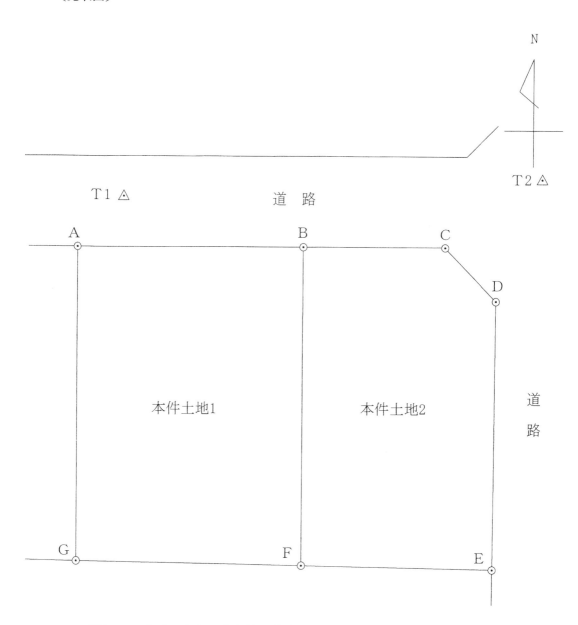

（注）1　F点はG点とE点を結ぶ直線上の点である。
　　　2　B点はA点とC点を結ぶ直線上の点である。
　　　3　直線AGと直線BFは平行である。

関　　数　　表

平　方　根

	$\sqrt{}$		$\sqrt{}$
1	1.00000	51	7.14143
2	1.41421	52	7.21110
3	1.73205	53	7.28011
4	2.00000	54	7.34847
5	2.23607	55	7.41620
6	2.44949	56	7.48331
7	2.64575	57	7.54983
8	2.82843	58	7.61577
9	3.00000	59	7.68115
10	3.16228	60	7.74597
11	3.31662	61	7.81025
12	3.46410	62	7.87401
13	3.60555	63	7.93725
14	3.74166	64	8.00000
15	3.87298	65	8.06226
16	4.00000	66	8.12404
17	4.12311	67	8.18535
18	4.24264	68	8.24621
19	4.35890	69	8.30662
20	4.47214	70	8.36660
21	4.58258	71	8.42615
22	4.69042	72	8.48528
23	4.79583	73	8.54400
24	4.89898	74	8.60233
25	5.00000	75	8.66025
26	5.09902	76	8.71780
27	5.19615	77	8.77496
28	5.29150	78	8.83176
29	5.38516	79	8.88819
30	5.47723	80	8.94427
31	5.56776	81	9.00000
32	5.65685	82	9.05539
33	5.74456	83	9.11043
34	5.83095	84	9.16515
35	5.91608	85	9.21954
36	6.00000	86	9.27362
37	6.08276	87	9.32738
38	6.16441	88	9.38083
39	6.24500	89	9.43398
40	6.32456	90	9.48683
41	6.40312	91	9.53939
42	6.48074	92	9.59166
43	6.55744	93	9.64365
44	6.63325	94	9.69536
45	6.70820	95	9.74679
46	6.78233	96	9.79796
47	6.85565	97	9.84886
48	6.92820	98	9.89949
49	7.00000	99	9.94987
50	7.07107	100	10.00000
		101	10.04988

三　角　関　数

度	sin	cos	tan	度	sin	cos	tan
0	0.00000	1.00000	0.00000				
1	0.01745	0.99985	0.01746	46	0.71934	0.69466	1.03553
2	0.03490	0.99939	0.03492	47	0.73135	0.68200	1.07237
3	0.05234	0.99863	0.05241	48	0.74314	0.66913	1.11061
4	0.06976	0.99756	0.06993	49	0.75471	0.65606	1.15037
5	0.08716	0.99619	0.08749	50	0.76604	0.64279	1.19175
6	0.10453	0.99452	0.10510	51	0.77715	0.62932	1.23490
7	0.12187	0.99255	0.12278	52	0.78801	0.61566	1.27994
8	0.13917	0.99027	0.14054	53	0.79864	0.60182	1.32704
9	0.15643	0.98769	0.15838	54	0.80902	0.58779	1.37638
10	0.17365	0.98481	0.17633	55	0.81915	0.57358	1.42815
11	0.19081	0.98163	0.19438	56	0.82904	0.55919	1.48256
12	0.20791	0.97815	0.21256	57	0.83867	0.54464	1.53986
13	0.22495	0.97437	0.23087	58	0.84805	0.52992	1.60033
14	0.24192	0.97030	0.24933	59	0.85717	0.51504	1.66428
15	0.25882	0.96593	0.26795	60	0.86603	0.50000	1.73205
16	0.27564	0.96126	0.28675	61	0.87462	0.48481	1.80405
17	0.29237	0.95630	0.30573	62	0.88295	0.46947	1.88073
18	0.30902	0.95106	0.32492	63	0.89101	0.45399	1.96261
19	0.32557	0.94552	0.34433	64	0.89879	0.43837	2.05030
20	0.34202	0.93969	0.36397	65	0.90631	0.42262	2.14451
21	0.35837	0.93358	0.38386	66	0.91355	0.40674	2.24604
22	0.37461	0.92718	0.40403	67	0.92050	0.39073	2.35585
23	0.39073	0.92050	0.42447	68	0.92718	0.37461	2.47509
24	0.40674	0.91355	0.44523	69	0.93358	0.35837	2.60509
25	0.42262	0.90631	0.46631	70	0.93969	0.34202	2.74748
26	0.43837	0.89879	0.48773	71	0.94552	0.32557	2.90421
27	0.45399	0.89101	0.50953	72	0.95106	0.30902	3.07768
28	0.46947	0.88295	0.53171	73	0.95630	0.29237	3.27085
29	0.48481	0.87462	0.55431	74	0.96126	0.27564	3.48741
30	0.50000	0.86603	0.57735	75	0.96593	0.25882	3.73205
31	0.51504	0.85717	0.60086	76	0.97030	0.24192	4.01078
32	0.52992	0.84805	0.62487	77	0.97437	0.22495	4.33148
33	0.54464	0.83867	0.64941	78	0.97815	0.20791	4.70463
34	0.55919	0.82904	0.67451	79	0.98163	0.19081	5.14455
35	0.57358	0.81915	0.70021	80	0.98481	0.17365	5.67128
36	0.58779	0.80902	0.72654	81	0.98769	0.15643	6.31375
37	0.60182	0.79864	0.75355	82	0.99027	0.13917	7.11537
38	0.61566	0.78801	0.78129	83	0.99255	0.12187	8.14435
39	0.62932	0.77715	0.80978	84	0.99452	0.10453	9.51436
40	0.64279	0.76604	0.83910	85	0.99619	0.08716	11.43005
41	0.65606	0.75471	0.86929	86	0.99756	0.06976	14.30067
42	0.66913	0.74314	0.90040	87	0.99863	0.05234	19.08114
43	0.68200	0.73135	0.93252	88	0.99939	0.03490	28.63625
44	0.69466	0.71934	0.96569	89	0.99985	0.01745	57.28996
45	0.70711	0.70711	1.00000	90	1.00000	0.00000	＊＊＊＊＊

受験地		受験番号		氏名	

※答案用紙の筆記可能線（答案用紙の外枠の二重線）を越えて筆記をした場合，当該筆記可能線を越えた
部分については採点されません。

問1

	X座標（m）	Y座標（m）
C点		

問2

水平角	水平距離
°　　′	m

問3

	X座標（m）	Y座標（m）
H点		

問4

	X座標（m）	Y座標（m）
B点		
F点		

問5

m²

※答案用紙の筆記可能線（答案用紙の外枠の二重線）を越えて筆記をした場合，当該筆記可能線を越えた部分については採点されません。

問6

正解番号及び出題テーマ

東京法経学院講師　中川　崇

問題	正解	出　題　テ　ー　マ	難易度
第 1 問	4	座標系	B
第 2 問	2	復元測量	B
第 3 問	2	面積指定分割	B
第 4 問	5	写真測量	A
第 5 問	3	標準偏差	A
第 6 問	4	方向角の補正	B
第 7 問	1	間接水準測量	A
第 8 問	1	簡易水平網平均計算	C
第 9 問	4	等高線	A
第10問	3	読図	A
第11問-1	X 座標(m)＝111.09 Y 座標(m)＝83.04	放射法による座標計算	A
第11問-2	水平角＝99° 43′ 水平距離＝24.35m	放射法による測設	A
第11問-3	X 座標(m)＝＋111.09 Y 座標(m)＝－1126.53	交点計算	A
第11問-4	B：X 座標(m)＝＋111.09 B：Y 座標(m)＝＋70.90 F：X 座標(m)＝＋90.07 F：Y 座標(m)＝＋70.90	面積指定による座標計算	B
第11問-5	297.85㎡	座標法による求積	A

難易度／A：やさしい　B：普通　C：難しい

令和5年度　土地家屋調査士試験

午前の部 解説編

択一式問題解説

出題テーマ	座標系

　座標系とは，地球上の位置を座標で表すための原点や座標の単位などの取り決めのことをいう。座標系には，経緯度座標系・地心直交座標系・平面直角座標系などがある。地心直交座標系・平面直角座標系について，以下のように定義されている（問題と関係する部分に下線を引いている）。

＜平成14年国土交通省告示第9号＞
　測量法第11条第1項第1号の規定を実施するため，直角座標で位置を表示する場合の平面直角座標系を次のように定める。（表省略）

備考
　座標系は，地点の座標値が次の条件に従って**ガウスの等角投影法**によって表示されるように設けるものとする。
1. 座標系のX軸は，座標系原点において子午線に一致する軸とし，真北に向う値を正とし，座標系のY軸は，座標系原点において座標系のX軸に直交する軸とし，真東に向う値を正とする。
2. 座標系のX軸上における縮尺係数は，0.9999とする。
3. 座標系原点の座標値は，次のとおりとする。
　　X＝0.000メートル　　Y＝0.000メートル

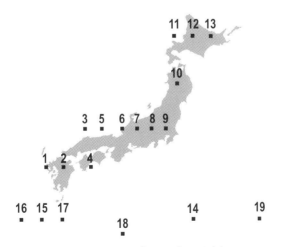

平面直角座標系の原点の配置

＜平成14年国土交通省告示第185号＞

　測量法（昭和24年法律第188号。以下「法」という。）第11条第1項第1号の規定を実施するため，地心直交座標で位置を表示する場合の地心直交座標系を次のように定める。

　地心直交座標系

第一　地心直交座標系は，法第11条第3項に規定する扁平な**回転楕円体の中心で互いに直交するX軸，Y軸及びZ軸の三軸からなり，**各軸の要件は，次のとおりとする。

　　一　X軸は，回転楕円体の中心及び経度0度の子午線と赤道との交点を通る直線とし，回転楕円体の中心から経度0度の子午線と赤道との交点に向かう値を正とする。

　　二　Y軸は，回転楕円体の中心及び東経90度の子午線と赤道との交点を通る直線とし，回転楕円体の中心から東経90度の子午線と赤道との交点に向かう値を正とする。

　　三　Z軸は，回転楕円体の短軸と一致し，回転楕円体の中心から北に向う値を正とする。

第二　地心直交座標系における日本経緯度原点の座標値は，次の表のとおりとする。（表省略）

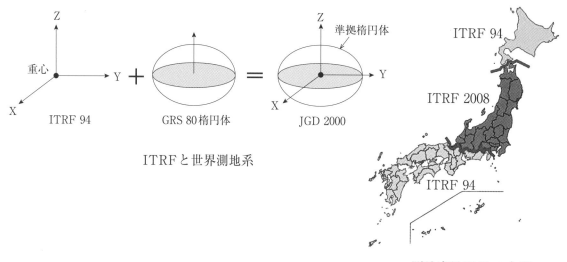

ITRFと世界測地系

測地成果2011の内容

　各肢の正誤は，以下のとおりである。

ア　**正しい。**平面直角座標系は，球面を平面に化成して位置を表現する座標系である。距離の誤差を保つために，日本全国を19の座標系に区分している。

イ　**正しい。**平面直角座標系は，ガウス・クリューゲルの等角投影法（球面上の角度を平面上に等しく表現する）により，球面位置を平面位置に変換している。

ウ　**間違い。**ITRFとは，GRS80楕円体と整合するように定義された三次元直交座標をいう。ITRFは観測局の位置座標の集まりとして定義されるため，地殻変動を考慮して定期的に更新される。我が国においては，2011年の東北大震災による地殻変動により，1都19県の基準点成果はITRF2008に基づく成果に改定された。

エ　**間違い。**ウの解説参照。

オ　**正しい。**ウの解説参照。

　したがって，誤っているのはウとエなので，正解は4である。

出題テーマ	復元測量

A から P を求める方法を考える。

△BAPにおいて，斜辺BAと高さにより，∠BAPが求まる。

$$\sin^{-1} \angle BAP = \frac{19.21}{31.04}$$

$$\angle BAP = 38° \ 14' \ 3.5''$$

A と B は座標が与えられているので，A から B の方向角を求めると，

$$\tan^{-1} A \rightarrow B = \frac{Y_B - Y_A}{X_B - X_A}$$

$$A \rightarrow B = 14° \ 55' \ 53.1''$$

したがって，A から P の方向角は，

$$A \rightarrow P = 14° \ 55' \ 53'' + 38° \ 14' \ 4''$$

$$= 53° \ 9' \ 57''$$

△PEDにおいて，三辺が分かっているので，余弦定理により∠EDPを求める。

$$25.94^2 = 32.79^2 + 16.80^2 - 2 \times 32.79 \times 16.80 \times \cos \angle EDP$$

$$\cos \angle EDP = \frac{25.94^2 - 32.79^2 - 16.80^2}{-2 \times 32.79 \times 16.80}$$

$$\angle EDP = 51° \ 35' \ 13.4''$$

△PADにおいて，一角二辺が分かったので，余弦定理によりAPを求める。

$$AP^2 = 32.79^2 + (19.07 + 16.80)^2 - 2 \times 32.79 \times (19.07 + 16.80) \times \cos 51° \ 35' \ 13''$$

$$= 900.2611297$$

$$AP = 30.0043$$

A から P の方向角及び水平距離が得られたので，

$$X_P = 51.22 \,\mathrm{m} + 30.00 \,\mathrm{m} \times \cos 53° \ 9' \ 57''$$

$$= 69.2050 \,\mathrm{m}$$

$$Y_P = 53.46 \,\mathrm{m} + 30.00 \,\mathrm{m} \times \sin 53° \ 9' \ 57''$$

$$= 77.4712 \,\mathrm{m}$$

したがって，正解は2である。

出題テーマ	面積指定分割

まず⊿ABCDの面積を座標法により求める。

面積 $= \Sigma\{X_n(Y_{n+1} - Y_{n-1})\} \div 2$

$55.00\,\mathrm{m} \times (103.50\,\mathrm{m} - 113.60\,\mathrm{m}) = -55.5500$

$63.75\,\mathrm{m} \times (115.30\,\mathrm{m} - 100.00\,\mathrm{m}) = 975.3750$

$66.70\,\mathrm{m} \times (113.60\,\mathrm{m} - 103.50\,\mathrm{m}) = 673.6700$

$55.00\,\mathrm{m} \times (100.00\,\mathrm{m} - 115.30\,\mathrm{m}) = -841.5000$

$$2A = 252.0450$$

$$A = 126.0225\,\mathrm{m}^2$$

次に（イ）の面積の面積を求める。（イ）の面積は⊿ABCDの 4/9 であるから，

（イ）の面積 $= 126.0225\,\mathrm{m}^2 \times \dfrac{4}{9}$

$$= 56.0100\,\mathrm{m}^2$$

⊿BFEの面積を求める。

⊿BFEの面積 $=$（イ）の面積 $-$ ⊿ABEの面積

$$= 56.0100\,\mathrm{m}^2 - \frac{(107.89\,\mathrm{m} - 100.00\,\mathrm{m}) \times (63.75\,\mathrm{m} - 55.00\,\mathrm{m})}{2}$$

$$= 21.49125\,\mathrm{m}^2$$

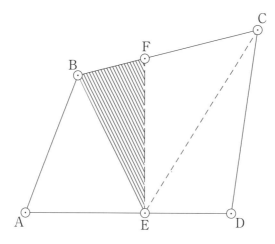

次に⊿BCEの面積を求める。

面積 $= \Sigma\{X_n(Y_{n+1} - Y_{n-1})\} \div 2$

$63.75\,\mathrm{m} \times (115.30\,\mathrm{m} - 107.89\,\mathrm{m}) = 472.3875$

$66.70\,\mathrm{m} \times (107.89\,\mathrm{m} - 103.50\,\mathrm{m}) = 292.8130$

$55.00\,\mathrm{m} \times (103.50\,\mathrm{m} - 115.30\,\mathrm{m}) = -649.0000$

$$2A = 116.2005$$

$$A = 58.10025\,\mathrm{m}^2$$

△BFEと△BCEは高さが同じなので，面積比は底辺長の比と同じになる。

BC：BF＝△BCEの面積：△BFE

$12.16\,\mathrm{m} : \mathrm{BF} = 58.10025\,\mathrm{m}^2 : 21.49125\,\mathrm{m}^2$

$$\mathrm{BF} = 4.4979\,\mathrm{m}$$

BからCの方向角は75°57′49.5″なので，

$\mathrm{X}_\mathrm{F} = 63.75\,\mathrm{m} + 4.50\,\mathrm{m} \times \cos 75°\ 57′\ 50″$

$\qquad = 64.8414\,\mathrm{m}$

$\mathrm{Y}_\mathrm{F} = 103.50\,\mathrm{m} + 4.50\,\mathrm{m} \times \sin 75°\ 57′\ 50″$

$\qquad = 107.8656\,\mathrm{m}$

したがって，正解は2である。

出題テーマ	写真測量

　写真は，カメラのレンズを通して対象物の像をフィルムに結ぶもので，対象物とフィルム上の像とは，中心投影という関係で投影されている（図－1）。

　光は真直ぐに進むので，対象物・投影中心（レンズ中心）・像点の3点は一直線上にある。これを共線条件という。この条件より，撮影時の状況を再現することで，重複撮影された一対の写真から地形を三次元的に計測することができる（図－2）。

　中心投影により，像は写真上で以下のように写る。

① 高さを持つ地物は，写真の鉛直点を中心として放射状に広がるため，画像にひずみが生じる。

② 写真の縮尺は，画面距離と撮影高度の比に等しい（図－3）。任意の点の縮尺は画面距離と対地高度の比に等しい。したがって，同一の写真内でも，地形や地物は対地高度がそれぞれ異なるので，縮尺が異なって写る。

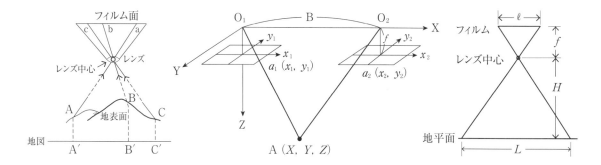

図－1　中心投影と正射投影　　図－2　写真対による立体計測　　図－3　写真縮尺と対地高度

　各肢の正誤は，以下のとおりである。

ア　正しい。鉛直写真では，高さのある地物は鉛直点を中心として放射状に広がるように写る。

イ　正しい。空中写真に写る地物の形状，大きさ，色調，模様などから被写体が何かを読み取る技術を判読という。判読により得られた情報を地図記号などの図式規定に従って表示することにより地形図が完成する。

ウ　正しい。撮影区域を完全にカバーするため，撮影コースの始めと終わりの撮影区域外でそれぞれ最低1モデル（重複撮影された2枚の写真によりその範囲の地形地物の立体モデルが1つ作成される）以上設定する。

エ　間違い。デジタルカメラのイメージセンサーは可視光域を中心として紫外，近赤外域までの感度を持ち，可視光線は人間の目に光として感じる波長範囲の電磁波なので，雲を通過して撮影することはできない。。

オ　間違い。地上画素寸法とは，デジタル航空カメラの撮像素子の1画素に対する寸法をいい，縮尺で対応している。写真は中心投影画像により，同一の写真内でも地形や地物の対地高度により縮尺が異なるので，地上画素寸法も異なる（図－3参照）。

　したがって，エとオが誤っているので，正解は5である。

出題テーマ	標準偏差

　最確値は，観測の精度が同一の場合は，確率論から測定値の算術平均値となるので，

$$最確値 = 69° \ 59' \ 55'' + \frac{10'' + 3'' + 0'' + 15''}{4}$$

$$= 70° \ 00' \ 02''$$

　最確値の精度を知るには，最確値の標準偏差を求める。つまり，最確値がどれほどばらついた測定値から計算されたかを数値で表す。

（測定値 − 最確値）^{2} を求めると，

　　1回目：$70° \ 00' \ 05'' - 70° \ 00' \ 02'' = 3''$ より，2乗は $3 \times 3 = 9$

　　2回目：$69° \ 59' \ 58'' - 70° \ 00' \ 02'' = -4''$ より，2乗は $(-4) \times (-4) = 16$

　　3回目：$69° \ 59' \ 55'' - 70° \ 00' \ 02'' = -7''$ より，2乗は $(-7) \times (-7) = 49$

　　4回目：$70° \ 00' \ 10'' - 70° \ 00' \ 02'' = 8''$ より，2乗は $8 \times 8 = 64$

　したがって，最確値の標準偏差の式に代入すると，

$$最確値の標準偏差 = \sqrt{\frac{（測定値 − 最確値）^2 \ の総和}{測定回数 \times （測定回数 − 1）}}$$

$$= \sqrt{\frac{9 + 16 + 49 + 64}{4 \times (4 - 1)}}$$

$$= \sqrt{\frac{138}{12}}$$

$$= 3.391''$$

　したがって，正解は 3 である。

出題テーマ	方向角の補正

　方向角とは，座標平面上において，座北を基準とした右回りの角をいう。平面直角座標（X・Y）は，この方向角と平面距離により計算される。

　方向角の計算は，前点からの方向角と観測交角から計算される。したがって，最初の点では前点からの方向角がないので，代わりに他の既知点との方向角が与えられる必要がある。

　方向角は，基準となる点に座北を記入して次の点の方向角を図示し，前点からの方向角と観測交角を組み合わせて求める。

　　A から B の方向角 $= 59° \ 20' \ 40''$

B から C の方向角 = 59° 20′ 40″ + (246° 01′ 30″ − 180°)

                 = 125° 22′ 10″

C から D の方向角 = 125° 22′ 10″ + (219° 38′ 40″ − 180°)

                 = 165° 00′ 50″

D から E の方向角 = 165° 00′ 50″ + (288° 32′ 50″ − 180°)

                 = 273° 33′ 40″

E から A の方向角 = 273° 33′ 40″ + (247° 33′ 00″ − 180°)

                 = 341° 06′ 40″

E から A の方向角と観測角 $\beta 5$ により，A から B の方向角を計算できる。

A から B の方向角 = 341° 06′ 40″ + (258° 13′ 40″ − 180°) − 360°

                 = 59° 20′ 20″

A から B の方向角において，角の閉合差を求める。

閉合差 = 計算値 − 条件値

        = 59° 20′ 20″ − 59° 20′ 40″

        = − 20″

角の補正量は均等配布なので，

1 交角当たりの補正量 = + 20″ ÷ 5

               = + 4″

A から B への方向角 α は，本来座標が既知の A と他の点との既知方向角と，観測交角 $\beta 5$ を組み合わせて求めるので，α も補正対象となる。したがって，各方向角を補正すると，

A から B の方向角 = 59° 20′ 40″ + (+ 4″)

                 = 59° 20′ 44″

B から C の方向角 = 125° 22′ 10″ + (+ 4″) + (+ 4″)

                 = 125° 22′ 18″

C から D の方向角 = 165° 00′ 50″ + (+ 4″) + (+ 4″) + (+ 4″)

                 = 165° 01′ 02″

D から E の方向角 = 273° 33′ 40″ + (+ 4″) + (+ 4″) + (+ 4″) + (+ 4″)

                 = 273° 33′ 56″

E から A の方向角 = 341° 06′ 40″ + (+ 4″) + (+ 4″) + (+ 4″) + (+ 4″) + (+ 4″)

                 = 341° 07′ 00″

したがって，正解は 4 である。

出題テーマ	間接水準測量

　間接水準測量とは，角と距離を測定して，計算により目標の標高を求める測量をいう。

　水準測量に当たっては，両差の補正を考慮しなければならない。両差とは，地球の曲率を原因とした球差と，空気密度の差による光の屈折を原因とした気差を合わせたものをいう。両差は，既知点・新点の双方同時観測で相殺されるので，一方向による観測の時に補正を考える。両差の補正の符号は，器械点から式を立てると，常にプラスになる。

　高低差を求める式は器械点から立て，式の末尾にプラスで両差を追加する。

　　目標（既知点 B）の標高 = 器械点（新点 A）の標高 + 器械高 + 斜距離 × sin α（高低角）

　　　－ 目標高 + 両差

　100.00 m = 新点 A の標高 + 1.60 m + 384.00 m × sin 3° 00′ 00″ − 1.50 m + 0.01 m

　新点 A の標高 = 100.00 m − 1.60 m − 384.00 m × sin 3° 00′ 00″ + 1.50 m − 0.01 m

　　　　　　 = 79.792 m

　したがって，正解は 1 である。

出題テーマ	簡易水平網平均計算

　測量には誤差がつきもので，系統誤差を消去・補正しても偶然誤差により測定値はわずかな範囲でばらつく。このため，最確値（観測データ群から真値に最も近いと推計される値）を平均計算によって求め，これを測量成果とする。平均計算には厳密に計算を行う厳密法と厳密性をやや無視した簡易法がある。

　多角網において，交点の座標値を簡易水平網平均計算で求める場合は，各既知点から交点までの路線長を逆数にした値を重量とする重量平均計算で求める。

$$最確値 = \frac{測定値 × 重量の総和}{重量の総和}$$

$$X 座標の最確値 = 1084.00 \, m + \frac{0.39 \, m × \frac{1}{270} + 0.43 \, m × \frac{1}{450} + 0.40 \, m × \frac{1}{120} + 0.42 \, m × \frac{1}{360} + 0.36 \, m × \frac{1}{180}}{\frac{1}{270} + \frac{1}{450} + \frac{1}{120} + \frac{1}{360} + \frac{1}{180}}$$

$$= 1084.00 \, m + 0.393 \, m$$

$$= 1084.39 \, m$$

　したがって，正解は 1 である。

出題テーマ	等高線

　等高線とは，数値地形図データにおいて，地形の起伏を同じ高さを結んだ線で表現したものをいう。等高線は，地形をある高さの水準面で区切った時の地形とその水準面の交線となる。したがって，等高線は必ず閉合する線である。

　等高線の種類は，等間隔の主曲線，標高を読みやすいように5本目の主曲線を強調した計曲線，主曲線が表示されない緩斜面などで適宜表示される補助曲線がある。

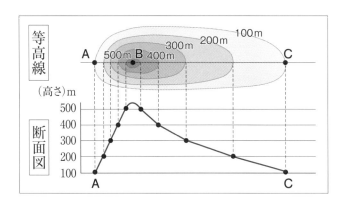

　各肢の正誤は，以下のとおりである。

ア　**正しい**。例えば1/25000地形図では，等高線の間隔は10mである。

イ　**間違い**。屈曲が標高の低いほうに向かって膨らんでいる箇所は尾根筋を表す。

ウ　**正しい**。等高線は地形の起伏を同じ高さを結んだ線なので，2本以上に分岐したり2本が交わったりすることはない。

エ　**間違い**。傾斜が急な個所は，等高線の間隔は狭くなる。

オ　**正しい**。

　したがって，誤っているのはイとエなので，正解は4である。

出題テーマ	読図

　地形図では写真と異なり，図上距離と実距離は一定の縮尺で対応している。

　問題の地物にマークを印すと以下の図になる。距離の基準となるのは，図上の長さと実距離の対応が把握できている神社～博物館である。図上の長さ1cmでの実距離を求める。

$$240\,\mathrm{m} : 4.8\,\mathrm{cm} = x\,\mathrm{m} : 1.0\,\mathrm{cm}$$
$$x\,\mathrm{m} = 50.0\,\mathrm{m}$$

したがって，図上の長さ1cmは50mに対応している。

ア　**間違い。** 電子基準点～水準点の図上の長さは7.7cmなので，実距離は50m×7.7＝385mとなる。

イ　**正しい。** Aを含む斜線で囲まれた区画は長方形であり，底辺長1.6cm・高さ1.4cmなので，面積は50m×1.6cm×50m×1.4cm＝5600㎡となる。

ウ　**正しい。** A～警察署の図上の長さは3.6cm，A～消防署の図上の長さは4.8cm，その差は（4.8cm − 3.6cm）×50m＝60mである。

エ　**間違い。** 東側の道路の幅員は0.4cmなので，実距離は50m×0.4＝20mである。

オ　**間違い。** A～保健所の図上の長さは7.0cmなので，実距離は50m×7.0＝350mとなる。

　したがって，正しいのはイとウなので，正解は3である。

記述式問題解説

第11問-問 1　　正解▶ $X_c = 111.09$m，$Y_c = 83.04$m

出題テーマ	放射法による座標計算

T2からCの方向角＝T2からT1の方向角＋観測交角

$$= 267° 44' 17'' + 321° 42' 50'' - 360°$$

$$= 229° 27' 07''$$

したがって，

$$X_c = 115.59\,\text{m} + 6.92\,\text{m} \times \cos 229° 27' 07''$$

$$= 111.091\,\text{m}$$

$$Y_c = 88.30\,\text{m} + 6.92\,\text{m} \times \sin 229° 27' 07''$$

$$= 83.041\,\text{m}$$

第11問-問 2　　正解▶ 99° 43'，24.35m

出題テーマ	放射法による測設

T1からGの方向角及び平面距離は，座標値から逆算すると，187° 27' 28''，24.345mである。

水平角＝T1からGの方向角－T1からT2の方向角

$$= 187° 27' 28'' - (267° 44' 17'' - 180°)$$

$$= 99° 43' 11''$$

したがって，水平角は99° 43'，水平距離は24.35mである。

出題テーマ	交点計算

Hは，直線ACと直線EGの交点として求める。

ACの直線は，X座標が同じなので，Y軸に平行な直線である。

$$x = 111.09$$

EGの直線式を求める。座標を入力すると，

$$y = -56.96\,x + 5201.1572$$

上記の式を連立させて解くと，

$$X_H = +111.09\,\mathrm{m}$$

$$Y_H = -1126.529\,\mathrm{m}$$

第11問-問4　　正解▶ $X_B = +111.09\mathrm{m}$,　$Y_B = +70.90\mathrm{m}$

　　　　　　　　　　　 $X_F = +90.07\mathrm{m}$,　$Y_F = +70.90\mathrm{m}$

出題テーマ	面積指定による座標計算

　直線AGはY座標が同じなので，X軸に平行である。直線BFは直線AGと平行なので，X軸に平行である。

　直線ACはX座標が同じなので，Y軸に平行である。したがって，直線AG及び直線BFと直交する。

　△HAGと△HBFは相似関係にあるので，面積比から辺長を求める。

$$△HAGの面積 = HA \times AG \div 2$$

$$= \{56.53\,\mathrm{m} - (-1126.53\,\mathrm{m})\} \times (111.09\,\mathrm{m} - 90.32\,\mathrm{m}) \div 2$$

$$= 12286.0781\,\mathrm{m}^2$$

$$△HBFの面積 = △HAGの面積 + □ABFGの面積$$

$$= 12286.0781\,\mathrm{m}^2 + 300.26\,\mathrm{m}^2$$

$$= 12586.3381\,\mathrm{m}^2$$

面積比は辺長の2乗の比に等しいから，

$$△HAGの面積 : △HBFの面積 = HA^2 : HB^2$$

$$12286.0781 : 12586.3381 = 1183.06^2 : HB^2$$

$$HB = 1197.429\,\mathrm{m}$$

　したがって，B，Fの座標値は，

$X_B = +111.09\,\mathrm{m}$

$Y_B = Y_H + 1197.43\,\mathrm{m}$

$\quad = -1126.53\,\mathrm{m} + 1197.43\,\mathrm{m}$

$\quad = +70.90\,\mathrm{m}$

相似関係により HA：AG＝HB：BF なので，

$\quad 1183.06\,\mathrm{m} : 20.77\,\mathrm{m} = 1197.43\,\mathrm{m} : \mathrm{BF}$

$\quad \mathrm{BF} = 21.022\,\mathrm{m}$

$\quad X_F = 111.09\,\mathrm{m} - 21.02\,\mathrm{m}$

$\quad\quad = +90.07\,\mathrm{m}$

$\quad Y_F = Y_B$

$\quad\quad = +70.90\,\mathrm{m}$

第11問－問5　正解▶ 297.85㎡

出題テーマ	座標法による求積

本件土地2（BCDEF）の面積を座標法により求める。

面積 ＝ $\Sigma\left\{X_n\left(Y_{n+1} - Y_{n-1}\right)\right\} \div 2$

$111.09\,\mathrm{m} \times (83.04\,\mathrm{m} - 70.90\,\mathrm{m}) = 1348.6326\,㎡$

$111.09\,\mathrm{m} \times (85.16\,\mathrm{m} - 70.90\,\mathrm{m}) = 1584.1434\,㎡$

$108.96\,\mathrm{m} \times (85.01\,\mathrm{m} - 83.04\,\mathrm{m}) = 214.6512\,㎡$

$89.82\,\mathrm{m} \times (70.90\,\mathrm{m} - 85.16\,\mathrm{m}) = -1280.8332\,㎡$

$90.07\,\mathrm{m} \times (70.90\,\mathrm{m} - 85.01\,\mathrm{m}) = -1270.8877\,㎡$

倍面積 ＝ 595.7063㎡

面積 ＝ 297.85315㎡

縮尺：1/250

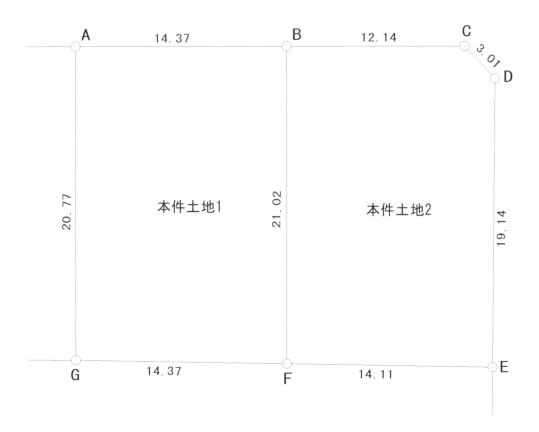

令和5年度　土地家屋調査士試験

午前の部

出題傾向と分析

■出題傾向

　出題数については，五肢択一式が10問，記述式が小問6問を含む1問であり，去年までより1問多くなった。五肢択一式については，昨年と同じく，計算問題が7問，文章問題が3問，であった。測量士補と違って計算問題の比重が高い傾向にあると言える。文章問題は3問すべてが組合せ問題であった。問1・4・5・7・9・10は測量士補でも出題されている問題であり，全体的に易しかったと思われる。

■分析

　測量士補の過去の出題を基準に，各問題を分析する。

　第1問は，座標系の問題である。筆界点の位置は平面直角座標系で表すことから，その仕組みを理解しておく必要がある。ウとエはITRFについて理解を問う内容である。ウは測地成果2011の内容を問う問題だったが，測量士補試験でこれまで出題されていない内容だった。ウが分からなくても，消去法で解答できたであろう。

　第2問は，復元測量の計算問題である。三斜法の底辺長や高さから，正弦定理や余弦定理を使って，方向角と距離を求めることができる。測量士補試験では出題されていないが，記述式の書式問題に取り組んでいれば，容易に解答できたであろう。

　第3問は，面積指定分割の計算問題である。点の位置を固定する条件が解法となる。測量士補試験では出題されていないが，第2問と同じく記述式の書式問題に取り組んでいれば，解答できたであろう。

　第4問は，写真測量の問題である。土地家屋調査士の測量ではまず写真測量を実施することはないので，純粋な測量の問題である。ウの撮影計画についての問題は測量士補試験では出題されていないが，エとオは明らかに間違いであるので，容易に解答できたであろう。

　第5問は，標準偏差の計算問題である。測量士補では測量概論の範囲の知識である。測量には誤差がつきものであり，観測したデータから，より真値に近いデータを得るのに必要な知識である。測量士補試験では令和4年に出題された。式に代入するだけなので，容易に解答できたであろう。

　第6問は，閉合トラバースにおける方向角の補正の問題である。測量士補試験では結合トラバースしか出題されていないので難易度は少し高かったが，土地家屋調査士の記述式問題では必要な知識なので，解答できたであろう。

　第7問は，間接水準測量の問題である。基準点測量（図根点測量）において公共座標を得るには，距離補正のために標高が必要となり，片方向の観測では両差の補正がポイントとなる。測量士補試験では令和2年に出題されているので，解答できたであろう。

　第8問は，簡易水平網平均計算の問題である。交点を持つ多角網において簡易法で計算する場

合は，交点の座標を重量平均計算で先に確定させる。測量士補試験では出題されておらず，土地家屋調査士の記述式問題でも出題されたことがないので，難しかったであろう。

第9問は，等高線の問題である。読図に必須の知識である。内容はすべて基本的なものである。測量士補試験では令和4年に出題されているので，容易に解答できたであろう。

第10問は読図の問題である。地図記号と距離計算を問う内容である。地図記号では，博物館と電子基準点がなじみがなかったかもしれない。距離計算は図上1cmに対応する実距離を求めてしまえば，計算は容易である。測量士補試験は平成30年に出題されている。容易に解答できたであろう。

問11は，作図を含む記述式問題である。午後の部の土地の求積問題と形式はほぼ同じで，その内容は，放射法による座標計算，放射法による測設，2直線の交点計算，面積指定による座標計算，座標法による面積計算であった。問4の面積指定による座標計算では，問3が解法の布石となっており，面積比から辺長が求められることを押さえておきたい。

■受験対策

測量科目の問題を詳しく扱った参考書はほとんど見当たらないため，測量士補試験のテキスト・過去問題集で代用せざるを得ないのが現状である。試験の傾向として，土地家屋調査士の測量には含まれない問題も出題されているので，測量士補の出題範囲すべてに当たっておく必要がある。文章問題はほぼ測量士補試験と重複しており，計算問題は測量士補試験よりやや難易度が高い。これまでに出題されていない問題も見受けられるが，測量士補試験に必要な知識の上に，土地家屋調査士試験に必要な数学・測量知識を組み立てていれば，十分余裕をもって合格ラインを突破できるであろう。

本人申請が建前の登記申請において測量ができるのは，土地家屋調査士としての強みである。自信と高いモチベーションをもって，丁寧に学習に取り組むようお勧めしたい。

MEMO

MEMO

MEMO

【本書に関するお問合せについて】

　本書の正誤に関するご質問は，書面にて下記の送付先まで郵送もしくはFAXでご送付ください。なお，その際にはご質問される方のお名前，ご住所，ご連絡先電話番号（ご自宅／携帯電話等），FAX番号を必ず明記してください。

　また，お電話でのご質問および正誤のお問合せ以外の書籍に関する解説につきましてはお受けいたしかねます。あらかじめご了承くださいますようお願い申し上げます。

【ご送付先】
　〒162-0845　東京都新宿区市谷本村町3-22　ナカバビル１階
　　　　　　　東京法経学院
　　　　　　　「令和5年度 土地家屋調査士 本試験問題と詳細解説」編集係　宛
　FAX：03-3266-8018

令和5年度　土地家屋調査士 本試験問題と詳細解説

平成23年1月15日	初　版　発　行	編　者	東京法経学院　編集部
令和2年2月28日	令和元年度版発行	発行者	立　石　寿　純
令和3年1月24日	令和2年度版発行	発行所	東　京　法　経　学　院
令和4年1月20日	令和3年度版発行	〒162-0845	東京都新宿区市谷本村町3-22
令和5年1月21日	令和4年度版発行		ナカバビル1F
令和6年1月22日	令和5年度版発行		TEL 03-6228-1164（代表）
			FAX 03-3266-8018（営業）
（版権所有 不許複製）			郵便振替口座 00120-6-22176

＊本書に関する法改正等受験上の有益情報，誤植の訂正その他追加情報は，次のURLにてご確認下さい。「https://www.thg.co.jp/support/book/」
＊落丁，乱丁の場合はお取り替え致します。

　　　　　　　　　　　　　　　　　　　印刷　ワコー／製本　根本製本

ISBN978-4-8089-2467-6